KB233636

내가족을위한
# 돈공부

# 내 가족을 위한 돈 공부


**초판 1쇄 인쇄** 2016년 9월 22일
**초판 1쇄 발행** 2016년 9월 28일

**지은이** 이재하
**펴낸이** 백유미

Publishing Dept.
CP 조영석 | Chief editor 박혜연 | Editor 이하정 박성아
Marketing 이원모 조아란

Education Dept.
Chief Manager 김주영 | Manager 이은영 김민수

Management Dept.
Manager 박은정 임미현 윤민정

**펴낸곳** 라온북
**주소** 서울시 서초구 효령로 34길 4, 프린스효령빌딩 5F

**등록** 2009년 12월 1일 제 385-2009-000044호
**전화** 070-7600-8230 | **팩스** 070-4754-2473
**이메일** raonbook@raonbook.co.kr | **홈페이지** www.raonbook.co.kr

**값** 13,800원
ISBN 979-11-5532-247-5 (13320)




라온북은 독자 여러분의 다양한 아이디어와 원고 투고를 설레는 마음으로 기다리고 있습니다. 머뭇거리지 말고 두드리세요.

**보내실 곳** raonbook@raonbook.co.kr

돈 걱정 없는 가정을 꿈꾸는
대한민국 보통 엄마 아빠들을 위한 돈 관리법

# 내 가족을 위한 돈 공부

| 이재하 지음 |

라온북

내가 처음 투자를 시작한 2,000년 초반만 하더라도 아직 '개인 투자'에 대한 인식이 크지 않았다. 그래서 투자정보를 얻기조차 쉽지 않았다. 그때 나는 짧은 시일 안에 많은 돈을 가지고 싶었다. 내가 세상의 주인공이고, 내가 하는 일은 무엇이든지 다 잘될 거라는 착각 속에 살았다. 그리고 어떤 투자를 하더라도 무조건 돈이 불어날 줄 알았다. 나는 아무것도 모른 채 운만 믿고 무리하게 투자했다. 그리고 내 손엔 아무것도 남지 않았다.

지금 생각하면 그때 했던 것은 투자라기보단 '투기'나 '도박'이라고 하는 게 맞을 것이다. 날려버린 돈이 아까워서 한동안 매우 힘들었다. 그 아픔을 시작으로 나는 돈 공부를 시작했고 지금까지 이어가고 있다. 돈 공부를 하면서 내 인생에 많은 것이 바뀌기 시작했다. 미래에 대한 희망이 생겼고, 부자는 아니더라도 현재 돈 때문에 힘들게 살지는 않는다.

많은 사람이 부자를 꿈꾼다. 그런데 부자의 기준은 사람마다 다르므로 어떤 식의 부자를 원하는지 스스로 인식하는 것이 중요하다. 단순히 50억을 가지고 싶다, 100억을 가지고 싶다는 식의 뜬구름 잡는 이야기 말고 말이다.

나는 아직 부자는 아니다. 경제적 자유를 얻었다고도 생각하지 않는다. 하지만 하고 싶은 일을 하면서 즐겁게 살고 있다. 더 나를 흥분하게 하는 건 언젠가는 금전적으로도 부자가 될 것이라는 희망이다. 아주 짧은 시일에는 이루어질 수 없겠지만, 나는 내가 원하는 나이에 반드시 그렇게 될 거라고 확신하고 있다. 돈 공부를 하면서 기본을 지키고 원칙을 세웠기 때문이다. 노동력만으로는 절대로 이룰 수 없다.

이 책을 쓰는 순간만은 내가 자산관리사란 생각은 하지 않았다. 단지 세 아이의 아빠로서, 한 가정의 가장으로서, 10년 동안 재테크에 울고 웃은 사람으로서 어떻게 하면 돈 걱정 없이 살 수 있을까, 어떻게 하면 우리 아이들이 돈 걱정하지 않고 하고 싶은 것을 하고 살 수 있을까만 고민했다. 그리고 우리 아이들뿐만 아니라 이 책을 읽는 모든 사람이 충분히 이해하고 실행할 수 있도록 하려면 어떻게 해야 하나 그것만 생각했다.

많은 사람이 특별한 사람들만이 부자가 될 수 있다는 잘못된 생각을 가지고 있다. 투자는 어려운 것이라고 생각한다. 나는 강력하게 '아니다'란 말을 전하고 싶다. 돈 공부를 하면서 많은 전문가를 만났고, 상담하면서 많은 사람과 얘기를 나눴다. 그리고 적은 금액일지라도 마음만 먹으면 누구나 관리와 투자를 통해 부자가 될 수 있다는 것을 알았다. 다만 어렵다고 생각하고 마음을 먹지 않기 때문에 어려운 것이다.

이 책을 읽는 사람들이 궁극적으로 추구해야 할 목적은 노동해서 먹고사는 것이 아니라 돈이 돈을 벌어오는 시스템을 만드는 것이다. 그리고 그 시스템을 자녀에게까지 이어지게 하는 것이다. 돈 관리에 대한 자신만의 원칙을 세우고 기본을 지킨다면, 누구나 충분히 할 수 있다.

많은 사람이 미래에 더 나은 삶을 위해 공부하고 투자해야 한다고 생각하지만, 실행에 옮기지 않는다. 시간이 없다는 핑계를 댄다. 실패를 두려워한다. 없는 시간 쪼개서 시작했는데 실패까지 한다면 안 한 것만 못하다고 생각한다. 그러나 이런 생각에 빠지면 평생 돈에서 자유로울 수 없다. 나도 처음엔 그렇게 생각했지만, 수많은 성공과 실패를 경험하면서 바뀌었다.

투자에 대한 실패는 누구나 하는 것이다. 투자의 대가라고 하는 사람들도 많은 실패를 겪었다. 하지만 그들은 부자가 되었고 원하는 삶을 살고 있다. 행복하게 살고 싶다면 누구나 투자를 해야 한다. 너무 급하게, 큰 욕심만 내지 않는다면 누구나 다 잘할 수 있다.

입대하기 전에 받은 용돈으로 사둔 주식이 제대하기 전에 다 사라졌고, 2009년 결혼 직전에는 미국 금융위기로 자산의 70%가 날아갔다. 막무가내로 투자했기 때문이다. 그래서 나는 첫 아이가 태어나기 전인 2010년부터 장기적인 계획을 세웠고, 많은 계획 중 아주 의미 있는 목표가 달성되었다. 바로 딸 연우에게 증여해줄 자산 2,000만 원을 만든 것이다. 10년 이상 걸릴 줄 알았는데 불과 5년밖에 걸리지 않았다.

계획을 세우지 않고 마음만 급하게 먹었을 때는 내가 원하는 방향으로 가지 못했다. 먹고사는 것만으로도 벅차고 미래에 대한 막연한 불안감으로 힘들었다. 아마 이 책을 보는 독자들도 마찬가지일 것이다. 진짜 힘든 것보다는 심리적인 영향이 더 클 수 있다. 10년 전에 했던 걱정을 아직 하고 있거나 10년 후에도 똑같은 걱정을 하게 될지도 모른다.

인생을 살면서 운이 어느 정도는 따라줘야 한다는 것을 알게 되었다. 그러나 운이 따르려면 그 운이 올 수 있게끔 행동해야 하고, 운이 왔을 때는 잡을 수 있어야 한다. 로또 1등에 당첨되게 해달라고 하느님께 매일 기도하는 사람이 있었다. 그런데 하느님이 이를 보더니 답답한 듯 혼잣말을 한다. "로또를 사야지 내가 1등이 되게 해주지." 그렇다. 부자가 되고 싶다고, 자녀는 돈 걱정 없이 살게 해달라고 바라기만 하지 말고 이제부터라도 장기적인 계획을 세우고 서서히 시작해보자.

이 책은 나와 같이 자녀를 둔 30~40대의 부모를 생각하고 쓰기 시작했다. 당신과 당신 자녀를 위한 장기적인 금융플랜을 잡을 수 있게 도움을 줄 것이다. 투자할 때의 기본적인 마음가짐과 원칙에 초점을 맞추었고, 처음 시작하는 초보투자자들을 위해 금융상품을 선택할 때 크게 실패하지 않는 법 등을 애기할 것이다.

큰 수익을 낼 수 있게 해줄 거라는 기대는 하지 마라. 나는 투자전문가가 아니다. 그냥 돈 걱정 없이 즐거운 삶을 살기 위해 노력하는 세 아이의 아빠일 뿐이다. 그래서 대박 나는 방법을 알려줄 수는 없다. 그러나 이 책을 통해 가족의 미래를 위해 돈을 굴릴 방향성만 잡아도 대성공이다. 공부하고 계획을 세우고 원칙을 지키며 실행하는 것이 중요하다. 이렇게만 한다면 더 나은 미래가 우리를 기다릴 것이다.

이 책을 덮는 순간부터 실행하자. 나와 우리 자녀의 보다 나은 미래를 위해서! 10년 동안 실패했던 내가 하고 있기 때문에 당신도 할 수 있다.

이재하

핑크팬더 **이재범**

투자 강의를 할 때마다 사람들에게 묻는다. 무엇 때문에 이렇게 투자 강의를 듣게 되었냐고. 그럴 때마다 사람들은 사랑하는 가족이 돈 걱정 없이 편하게 살 수 있는 바탕을 마련할 방법을 배우기 위해 왔다고 말한다. 어렵게 공부하고 취직했지만, 월급으로 당장은 먹고살지 모르겠으나 미래를 생각하면 암담하다. 회사를 그만두고 호기롭게 자영업을 시작하려 해도 자영업 생존률이 16%(국세청 2015년 발표)라고 하니 직장도, 자영업도 답이 아닌 시대에 무엇을 어떻게 해야 할지 답답할 따름이다.

무엇 때문에 이런 일이 발생했을까? 우리가 자본주의 사회에 살면서도 돈에 무지했기 때문이다. 나를 위해, 우리 가족을 위해 투자와 돈에 관한 공부는 필수다. 이 점에 대해 〈내 가족을 위한 돈 공부〉 저자는 다음과 같이 알려준다.

"우리가 돈을 왜 공부해야 하는지 나의 사례만 보더라도 명확하다. 단순히 돈을 위해서 돈 공부를 하라는 것이 아니다. 내 미래를 위해서, 부부의 미래를 위해서, 아이들의 미래를 위해서 공부하라는 것이다. 그렇다고 금융상품을 공부하라는 것이 아니다. 우리가 공부해야 할 건 저축과 투자에 대한 원칙과 마음가짐이다."

돈과 투자에 대해 알아야 한다는 것은 결코 부끄러운 일이 아니다. 오히려 필수적으로 배우고 익혀야 한다. 자본주의 사회에 살면서 어떤 식으로 돈이 돌고 흘러가는지 모른다면 돈은 나에게 머물지 않고 잠시 스쳐 지나간다. 투자는 돈의 속성을 파악한 후 내 자산을 굴리고 불리면서 내가 이 세상에서 가장 사랑하는 가족을 지키는 수단이다. 부자가 되고 싶은 속물적인 근성에서 나온 것이 아니다. 열심히 일하고 노력해도 돈이 모이지 않았다면 분명히 이유가 있다. 그 이유가 무엇인지 궁금한가? 이 책에 답이 나온다.

"자본주의는 간단하다. 노동과 자본이다. 자본주의, 노동, 자본, 어렵게만 느껴지는가? 그럼 쉽게 풀어보도록 하자. 처음 일을 시작했을 땐 모아둔 자본이 없으므로 당연히 노동이 자본을 벌어와야 한다. 그렇게 시간이 지나 일정한 자본이 쌓이기 시작하면 그 자본에게도 노동을 시켜야 한다. (중략) 생각을 바꿔야 한다. 자본은 나의 하인이자 노예다. 내가 주인이며 왕이다. (중략) 돈의 주인인 내가 그것을 이해하지 못하고 돈의 노예로 전락한다면 나뿐만 아니라 나의 자녀도 돈의 노예로 살아갈 것이다."

시중에 나와 있는 수많은 재테크 책이 일확천금을 꿈꾸게 한다. 돈에 대해 알지도 못하고 투자에 대해 제대로 습득하지도 못한 상황에서 그저 단기간에 큰돈을 버는 데만 혈안이 되어 있다. 평소에 공부도 하지 않은 학생이 한 달 만에 수능 만점을 맞고 서울대에 갈 수 있을까? 아무리 벼락치기를 해도 불가능하다. 투자도 이와 똑같다. 기초가 없는 상태에서 아무리 짧은 시간 안에 공부해도 점수는 감감무소식이다. 투자도 기본을 닦지 않고서 자산을 굴리고 불리기는 요원한 일이다.

저자는 현직 재무설계사다. 그 누구보다도 돈에 대해 목말라 있는 사람들을 가장 많이 만난다. 일반인이 돈에 대해, 투자에 대해 가장 궁금한 점이 무엇인지 너무 잘 알고 있다. 잘 모르는 일반인을 위해 눈높이에 맞는 친절한 설명을 해준다. 지금까지 저자가 자신이 경험했던 수많은 사례를 독자에게 들려준다. 가감 없이 성공과 실패를 민낯으로 보여줌으로써 힘과 용기를 준다. 이처럼 어렵지 않게 편한 마음으로 〈내 가족을 위한 돈 공부〉를 읽을 수 있다.

조지 버나드 쇼 묘비에 있는 '우물쭈물하다가 내 이럴 줄 알았지.'처럼 후회하지 말고 이 책을 통해 지금이라도 돈과 투자에 대해 제대로 공부하는 시간을 갖도록 하자!

# 차례

 CHAPTER 1

## 나와 자녀의 미래를 바꿀 생각

# 나와 자녀의
# 미래를 바꿀 생각

# 나의 **실패**는 자녀를 **성공**으로 이끈다

나는 직업 특성상 돈과 관련해서 많은 사람을 만나고 얘기를 나눈다. 현장에서 돈에 대한 그들의 진솔한 얘기를 듣는다. 그런데 대화하면서 느낀 것은 신기하게도 다들 돈에 관심은 많은데 돈을 불리려고 노력하지 않는다는 것이었다. 그냥 다른 사람이 하니까 따라 한다는 느낌이 들었다. 남들 따라 금융상품에 가입하고 투자를 시작하는 사람들이 너무 많다. 이렇게 해서는 아무리 시간이 흘러도 부자가 될 수 없다.

매번 돈 걱정을 하면서 왜 돈에 대해 심각하게 고민하지 않고 행동하지 않을까? 돈이 돈을 벌어오는 시스템에 관해서 공부하지 않을까? 그런데 고민하지 않고 행동하지 않는데 과연 돈이 붙을까?

예를 들어서 아주 마음에 드는 이성을 봤다고 하자. 그 이성과

사귀고 싶은데 가만히 있으면 그 사람이 나를 좋아해줄까? 물론 내가 엄청나게 잘났거나 능력이 탁월하다면 구애를 하지 않아도 예쁜 여자들이 줄을 설 것이다. 하지만 대부분 그렇게 잘나게 타고나질 못했다. 그렇다면 노력을 해야 한다.

돈이 그런 존재다. 아주 매력적인 이성과 같다. 돈은 누구나 다 좋아한다. 너무 잘난 연예인을 보면 다가갈 수 없다고 생각하듯이 많은 돈을 가지기는 어렵다고 생각한다. 이유가 뭘까? 대부분 사람은 투자를 어렵게 이해하고 있다. 아니, 해도 잘 안 된다고 생각하고 있다. 학교처럼 공부해서 1등을 하라는 게 아닌데도 말이다. 한편으로는 현재 돈 쓰는 재미에 모아야 할 필요성을 못 느낄지도 모른다. 생각을 조금만 바꾸면 돈은 불릴 방법은 많은데 말이다.

그런데도 사람들이 돈을 투자하는 데 주저하는 이유는 실패가 두렵기 때문이다. 대부분 어렵게 모아둔 돈이 사라질 수도 있다는 두려움을 가지고 있다. 눈앞의 돈만 생각하면 충분히 그럴 수 있다. 나도 마찬가지였다. 그러나 눈앞의 돈만 보지 말고 가족의 행복, 우리 아이들의 미래, 내가 하고 싶은 일 등 먼 미래까지 생각해보면 많은 것이 달라진다. 당장은 실패할지 몰라도 장기적인 계획을 가지고 준비한다면 분명히 좋은 성과를 이루어낼 수 있다.

내가 꿈꾸는 것들은 이런 것이다.

이 세 가지는 아마 많은 사람이 꿈꾸는 것이기도 할 것이다. 모두 나와 가족을 위한 꿈인데 이 꿈이 돈과 아주 밀접한 관계를 가지고 있다. 왜? 우리는 돈이 없어선 안 될 사회에 살고 있기 때문이다. 난 이 세 가지 꿈 모두를 이루면서 살고 있고, 유지하려고 부단히 노력 중이다.

나에겐 여섯 살 된 딸과 두 살 된 쌍둥이 아들이 있다. 작년에 쌍둥이 아들이 태어났다. 맞벌이하는 우리 부부는 쌍둥이를 어머니 손에 맡겼다. 하지만 연세가 있는 어머니께서 혼자 쌍둥이를 본다는 건 정말 힘들고 어려운 일이었다. 그래서 평소 7시 이전에 출근하고 7시 이후에 퇴근하던 나는 9시 이후 출근, 4시 이전 퇴근으로 스케줄을 조절할 수밖에 없었다. 급여가 일정하지 않아서 당연히 소득에 타격을 받을 수밖에 없었다.

하지만 이상하게 나의 행복지수는 떨어지지 않았다. 아니 반대로 아이들과 함께하는 시간이 늘어나자 행복감은 배가 되었다. 그러면서 많은 것을 깨닫게 되었고, 나의 행동도 바뀌었다. 내가 부자이거나 돈이 많아서 그런 것이 절대로 아니다. 월급은 적어졌지만, 투자 수익은 늘었기 때문이다. 이 모든 게 돈에 얽매이지 않고 행복해지기 위해선 어떻게 해야 하는지 첫 아이가 태어나기 전부터 많이 고민했기 때문이다.

우리가 돈을 왜 공부해야 하는지 나의 사례만 보더라도 명확하다. 단순히 돈을 위해서 돈 공부를 하라는 것이 아니다. 내 미래를 위해서, 부부의 미래를 위해서, 아이들의 미래를 위해서 공부하라는 것이다. 그렇다고 금융상품을 공부하라는 것이 아니다. 우리가 공부해야 할 건 저축과 투자에 대한 원칙과 마음가짐이다. 상품정보는 포털사이트에서 검색하면 홍수처럼 쏟아져 나온다. 그런 정보들을 취합해서 자신에게 잘 맞는 것을 고르고 유지할 수 있는 능력만 키워두면 된다. 금융상품이 단기간에 우리를 부자로 만들어줄 거라는 생각은 버려라. 금융상품은 금융회사만 부자로 만들어줄 뿐이다.

내 돈을 직접 투자하지 않고서 귀동냥으로 듣고 생각만 하는 것은 아무런 도움이 안 된다. 생각은 지나가면 끝이기 때문이다. 금융상품이 어떻게 돌아가는지 경험을 해봐야 안다. 경제에 눈을 뜨려면 최소한 10년은 걸리는 듯하다. 호황기만 경험해도 안 되고, 불황기만 경험해도 안 된다. 호황기 때는 어떠한 곳에 투자하더라도 자산이 늘어나고, 불황기 때는 아무리 아등바등해도 자산이 줄어들 수밖에 없다. 이 모두를 경험하려면 최소 10년 이상의 시간이 소요된다.

성공과 실패를 겪으면서 자신만의 원칙이 확고해지고, 자산은 더욱더 늘어날 것이다. 실패를 두려워하지 마라. 처음부터 성공하는 사람은 드물다. 실패했다면 실패를 자산으로 만들면 된다. 이런 투자원칙과 마음가짐은 아이들에게까지 물려줄 수 있다.

아이들이 인생에서 첫 번째로 맞이하는 스승은 부모다. 아이는 부모를 보며 성공을 배우고 실패하더라도 부모가 경험한 실패를 교훈 삼아 성공을 이룰 수 있다. 짧은 시일 안에 꼭 성공해야겠다고 생각하면 마음이 조급해질 수 있고, 무리하게 투자할 수 있다. 하지만 내가 못 이루더라도 우리 아이들이 이루어줄 수 있다고 장기적으로 바라보면 마음이 편해지면서 좋은 결과도 기대할 수 있다.

투자란 것이 급하게 마음먹고 덤빈다고 마음처럼 되지 않는다. 토끼와 거북이 우화를 보면 토끼는 발이 빠른 재능을 가지고 있지만, 재능을 너무 과신해서 방심한다. 결국 발은 느리지만, 묵묵히 달린 거북이에게 지고 만다. 아무리 뛰어나더라도 꾸준하지 못하다면 꾸준한 사람을 이길 수 없다. 투자는 거북이처럼 눈앞의 큰 수익만 좇기보다는 꾸준히 할수록 성공에 가까워진다.

# 박사는 못돼도 부자는 될 수 있다

질문부터 하고 시작하겠다. 당신은 박사가 되고 싶은가, 부자가 되고 싶은가?

당신의 자녀를 박사로 만들고 싶은가, 부자로 만들고 싶은가?

아마 이 책을 읽는 독자라면 박사보다는 부자가 되고 싶을 것이고, 자녀가 박사로 살아가기보다는 부자로 살아가길 바랄 것이다. 예전에는 부자를 가리켜 '못된 사람, 인정이 없는 사람' 등 안 좋은 쪽으로 많이 연관 지어서 말했었다. 그러나 내가 봤을 때 그런 인식이 생긴 것은 '사촌이 땅을 사니까 배가 아파서'인 것 같다.

많은 사람이 부자가 되고 싶어하고 자녀도 부자로 살아가길 원한다. 그래서 항상 학교공부 열심히 해서 시험 잘 치라고 얘기한다. 그런데 공부를 잘하면 부자가 될 수 있다고 생각하는 건 도

대체 어디서 나온 발상인지 모르겠다. 내 주변에는 공부를 잘해서 부자가 된 사람보다 자기가 하고 싶은 일을 해서 부자가 된 사람이 훨씬 많다. 더 사실적으로 얘기하면 공부로 부자가 된 사람은 한 명도 없다. 당신 주변은 어떤가?

우리나라에 태어나면 최소 12년의 학교 교육을 받는다. 대학까지 포함한다면 그 기간은 더 길어진다. 학교도 모자라서 학원에서까지 공부한다. 여기에 들어가는 학비며, 학원비며, 12년 동안 투자하는 돈만 해도 엄청나다. 하지만 그렇게 투자하고 투자금액 대비 거둬들이는 수익은 그렇게 많지가 않은 것이 현실이다. 다른 말로 표현하면 모두 투자에 실패한 것이다. 나 역시 학교교육과 학원교육에서 얻은 건 크게 없다. 그냥 사회생활을 할 수 있는 정도의 능력을 얻었다고 보면 딱이다. 하지만 이것을 투자라고 생각하고, 투자에 실패했다고 생각한 사람은 드물다. 부모 입장에서는 다들 하는 것이니 안 시키면 불안하고, 자녀는 자신의 돈을 쓴 것이 아니니 계산기 두드리지 않는다.

그렇다면 왜 많은 부모는 이런 투자 실패와 스트레스를 감수하고서라도 아이들에게 '공부공부' 하는지 생각해보자. 공부를 잘해야만 사회적으로 성공할 수 있어서 그런가? 아마 좋은 학교를 졸업한 사람 중에 그렇게 단언하는 사람은 많지 않을 거라고 생각한다. 그걸 알면서도 공부를 강조하는 이유는 뭘까? 공부 잘해서 좋은 직장에 취업하고 때에 맞춰서 급여를 받으며 안정적인 삶을 살길 바라기 때문이다. 하지만 아쉽게도 요즘 사회의 흐름으로 봤을 때 안정적인 직장은 없다. 힘들게 회사에 들어가도 언제 잘릴지 몰라서 걱정이고, 퇴근 시간도 없이 사는 사람들이 너무나 많다. 시간과 돈, 직장인은 이 두 가지 모두가 부족하다. 이미 겪어본 부모들은 다 알고 있다.

그런데도 아이들에게 공부 열심히 해서 좋은 직장에 들어가라고만 얘기한다. 공부는 대강하더라도 하고 싶은 거 하고 행복하게 살라고 얘기하면 얼마나 좋을까?

두 번째 질문을 하겠다. 당신은 운동을 잘하는가? 노래를 잘하는가? 아니면 그림을 잘 그리는가? 이런 예체능은 누구나 다 잘할 수 있을 거라고 생각하나? 아마 그렇다고 답하는 사람은 없을 것이다. 그렇다면 공부는? 왜 공부는 다들 잘해야 한다고 생각하는가? 다 같이 학교에서 배우기 때문에 누구든 잘해야 한다고 생각하는 건 큰 오산이다. "공부도 재능이다."는 말처럼 아무리 열심히 해도 안 된다면 공부에 재능이 없는 것이다. 예를 들면 운동에 재능이 없는 아이한테 이승엽이 되고, 김연아가 되고, 박지성이 되라고 하는 것과 같다.

'2016 한국부자보고서'에 따르면 우리나라에 금융자산이 10억 이상 되는 부자가 21만 명(2015년 기준) 정도 된다고 한다. 총인구가 5,000만이 넘으니 총인구 대비 약 0.42%밖에 되지 않는다. 더 좁혀서 생산가능인구(15세~64세)가 3,700만 명이라고 하니 약

0.56%다.

이 10억 이상의 자산가 중에 공부로 성공한 사람은 얼마나 될까? 어떤 통계에서는 부자 중 각 분야에서 전문가형 부자들은 35% 정도라고 한다. 그럼 약 0.2% 정도가 전문가형 부자이다. 소위 말하는 낙타가 바늘구멍에 들어가는 것보다 더 힘들어 보인다. 그런데도 부모들은 아이들에게 밤낮없이 공부하라고 얘기한다. 이렇게 힘든 방법 말고도 부자가 될 방법은 아주 많다.

학교공부가 우리 아이들의 미래를 바꿔주지 않는다는 것을 알아야 한다. 그러면 어떻게 해야 우리 아이들을 부자로 만들어줄 수 있을까? 답은 간단하다. 많은 돈을 물려주는 것이다. 정답이긴 하지만 우리에겐 자녀를 부자로 만들 만큼의 자산이 없다. 나조차 부모에게 받은 돈이 없어 처음부터 모든 걸 시작해야 했다. 그래서 지금부터 돈을 공부하자는 것이다. 그러면 나는 물론 아이들까지 크게 돈 걱정 없이 살아갈 수가 있다.

학교공부를 못하고 좋은 직장에 못 들어가더라도 얼마든지 부자가 될 수 있다. 투자의 성공은 학교 성적표와 직장의 좋고 나쁨에 영향을 받지 않는다. 학교에서는 1+1은 2라는 정답이 있다. 이 답 말고 다른 것을 선택한다면 틀린 것이다. 하지만 투자에서는 1+1이 2가 될 수도, 11이 될 수도, 100이 될 수도 있다. 정해진 정답이 없고 사람마다 다르다. 부자가 되는 것엔 정답이 없다는 말이다. 얼마나 생각하고 행동하느냐에 따라 충분히 현실을 바꾸고 밝은 미래를 맞이할 수 있다.

　이 책에선 공부를 잘 못했더라도 누구나 부자가 될 방법에 대한 고민을 담았다. 그 기준은 우리나라 부자의 기준인 금융자산 10억이다. 나는 지금 가진 게 없는 사람이라도 10억 정도의 부는 충분히 만들 수 있다고 생각한다. 하지만 너무 늦은 나이에 10억은 아무 의미가 없다. 또 10억을 모으기 위해 많은 것을 포기하기를 바라지도 않는다. 할 땐 하고, 쉴 땐 쉬고, 놀 땐 놀면서, 정말 인생을 즐기면서 모아보도록 하자. 은퇴하기 전에 10억을 목표로 세우고 다 같이 노력해보자.

# **작게** 시작하지만 **크게** 되는 **가정**

어떠한 일을 시작하든 처음 수입은 적게 마련이다. 앞서 말한 0.2%의 전문가형 부자 같은 특수한 직업인 사람들을 제외하면 어김없을 것이다. 돈에 관해 공부를 시작하려면 이런 작은 것부터 하나하나 극복해야 한다. 옛말에 '티끌 모아 태산'이 요즘엔 '티끌 모아 티끌'이라고 변형되어 쓰이긴 하지만, 그건 눈앞의 이익만 바라봐서 그렇다. 하루아침에 이루어지는 부자는 로또 1등 같은 특이한 방법을 제외하면 있을 수가 없다.

아무런 준비가 안 된 사람에게 큰돈을 주고 굴려보라고 한다면 제대로 된 자금운용을 할 수 없을 것이다. 로또 1등에 당첨된 사람들을 추적조사 해보니 대부분 로또가 당첨되기 이전보다 못한 삶을 살고 있다고 한다. 준비되지 않은 사람에게 큰돈은 재앙

일 뿐이었다. 로또가 아니더라도 준비되지 않은 우리 아이들에게 큰돈을 물려준다면 이런 재앙에서 자유로울 거라는 보장이 없다. 내가 만난 많은 사람은 돈을 많이 벌든 적게 벌든 하나같이 돈 운용 방법이 똑같았다. 그냥 은행일 뿐이었다. 그리곤 매번 똑같은 얘기를 한다.

"돈이 없어요."

그런데 상대적으로 돈을 적게 버는 사람들은 "돈도 많이 벌면서 무슨 돈 걱정이냐?"고 말한다. 하지만 아무리 돈을 많이 번다고 하더라도 돈을 관리할 줄 모르면 평생 돈 걱정을 하고 살아야 하는 건 똑같다. 그래서 적게 벌 땐 적게라도 시작해서 돈에 대한 개념을 바로잡아야 한다.

아이들에게 용돈을 주면서 아무렇게나 쓰라고 하는 부모는 단 한 명도 없을 것이다. 내 딸도 만 5세밖에 되지 않지만, 마트에 가서 천 원 한 장을 쓰더라도 정말 필요한 것을 잘 선택해서 하나만 사라고 한다. 그리고 남는 돈은 돼지저금통에 넣으라고 한다. 천 원짜리 한 장이 별거 아니지만 어릴 때 돈 쓰는 버릇을 잡아줘야 한다고 생각하는 건 모든 부모의 마음일 것이다.

그런데 왜 부모들은 적은 돈은 쓸데없이 써도 된다고 생각하는지 모르겠다. '쓸데없이'라고 표현하는 게 적절할 듯하다. 예를 들면 미리 생각하고 조금만 더 걸으면 10~20% 저렴하게 살 수 있는 마트가 있는데도 눈앞에 편의점이 보인다고 비싼 값을 주고 편의점에서 구입한다. 마트에서 1,000원에 살 물건을 편의점에서 1,100원에서 1,200원을 주고 산다는 건 단순 100원, 200원의 문제가 아니다. 전체 자산의 10~20%를 더 비싸게 주고 사는 것이다. 백화점에서 20% 세일한다면 그렇게 좋아서 달려가는데 일상생활 중에 10~20%를 싸게 사는 방법을 찾는 데는 소홀하다. 작은 물건 하나를 사더라도 더 싸게 구입한다면, 다르게 보면 세금 한 푼 없는 불로소득이다. 투자수익을 10~20%를 올리는 것보다 훨씬 수월한 방법이다.

또 담배와 커피전문점의 커피를 빠트릴 수가 없다. 나는 담배를 피우지 않는다. 정확하게 얘기하자면 끊었다. 이십 대부터 담배를 피웠었지만, 담뱃값이 계속 인상되는 것을 보고 끊어버렸다. 지금 생각하면 그때 참 잘 끊었다. 요즘은 담뱃값이 4,500원 정도 하던데 하루 한 갑이면 한 달 135.000원이다. 일 년에 150만 원에 이르는 거금이다. 커피전문점의 커피는 어떤가? 나도 친구를 만나거나 업무상 미팅이 있을 때는 스타벅스의 커피를 가끔 마시지만 마실 때마다 드는 생각은 "비싸다"이다. 최소 4,100원부터 시작하는 커피는 내가 즐겨 찾는 구내식당의 밥보다 600원이나 더 비싸다. 한 끼 밥값보다 더 비싼데도 사람들은 아무런 거리낌 없이 사 먹는다. 하루 커피 값 4.000원을 아낀다면 한 달 120.000원을 아낄 수 있다.

만약 담배도 피우고 커피전문점의 커피까지 마신다면 이 돈만 줄이더라도 하루 1만 원을 절약하는 셈이다. 일 년에 360만 원이다. 과연 적은 돈으로 보이는가? 내 한 달 용돈이 20만 원도 안 되는 걸 생각한다면 내 기준으로 엄청나게 큰돈이 아닐 수 없다.

편의점, 담배, 커피전문점의 커피 등 일상생활에서 아무런 거리낌 없이 이용하던 기호식품만 아끼더라도 큰돈을 저축할 수 있다. 당연하게 소비하던 돈을 모아 목돈을 만들면 감동은 두 배다. 아이에게 천 원짜리 하나 잘 쓰게 알려주듯이, 나도 모르는 사이에 사라지는 돈을 한 번 아껴보도록 하자.

돈을 적게 벌어서 쓸 돈도 없다고 한풀이하지 말고, 새는 돈은 없는지 곰곰이 생각해보고 줄일 수 있는 돈은 줄여보자. 그리고 그렇게 아낀 돈을 어디에 저축하고 투자할지 고민하고 실행해보자. 단언컨대 그 돈이 사라지든 불어나든 많은 공부가 되어 있을 것이다. 혹시 사라졌다고 해도 실패라고 생각하지 마라. 그게 성공의 시작일지도 모른다. 그런 모습을 우리 아이들에게 보여준다면 돈 한 푼 안 들이고 경제교육을 하는 셈이다. 이렇게 새는 돈을 모아 5.000만 원을 모으면 그게 얼마나 큰 시너지효과를 낼지 뒤에 가서 얘기하겠다.

# 내가 **주인**이고 **돈**은 **하인**일 뿐이다

군대를 제대하고 복학하기 전에 코카콜라에서 10개월간 아르바이트를 했었다. 15년 전인 그때 아르바이트생 월급이 120만 원이었으니 알바치고는 상당히 큰 금액이었다. 하지만 그렇게 큰돈을 벌어본 적도 없고, 돈에 대해 무지했던 나는 한 달 벌어 한 달 쓰는 삶을 살았다. 120만 원을 전부 유흥비나 쇼핑으로 쓰기 바빴다. 오늘 쓰면 내일 들어온다는 생각으로 돈을 썼다. 또래보다 많이 번다는 생각이 들자 돈이 우습게 보이기 시작했다.

10개월이 지나고 학교에 복학할 때 내 손에 남은 돈은 하나도 없었다. 그제야 내가 너무 한심하게 느껴졌다. 나는 그런 기분을 없애기 위해 무언가 기념할 만한 것을 남기고 싶었다. (지금 생각하면 왜 그랬는지 도저히 이해하기 힘들다.) 그래서 그 당시 갖고 싶었던 홈시어터를 할부로 샀다. 그 탓에 복학하고 매달 할부 값에 허덕이며 카드 돌려막기를 했다. 그렇다고 홈시어터가 그렇게 비싼 것도 아니었는데 한번 구멍이 나기 시작하니 걷잡을 수 없이 상황이 악화되었다.

많은 돈을 저축할 수 있었음에도 돈에 대한 개념이 전혀 없었던 나는 돈의 노예로 학창시절을 보냈다. 그 카드 돌려막기는 졸업 후 취업하고 1년 동안이나 이어졌다. 적은 돈이라도 돈을 잘못 쓰면 인생이 얼마나 끔찍해질 수 있는가를 깨달은 시기였다.

월급날에 가장 먼저 생각나는 게 무엇인가? 내가 사회초년생일 때는 카드값이었던 기억이 난다. 월급날이 카드결제일이었기 때문이다. 끔찍한 카드 돌려막기를 경험했었지만, 취직한 뒤에도 크게 바뀐 건 없었다. 그리고 이리저리 자동이체되어서 통장에서 빠지고 나면 자연스럽게 통장은 바닥을 드러냈다. 한 달 동안 열심히 일하고 받은 월급은 구경도 못해보고 사라져버렸다. 월급이 아니고 사이버머니라는 생각이 들었다. 그래서 더 쉽게 돈을 썼는지도 모른다.

바닥난 통장잔고를 확인하며 이달은 조금 줄여봐야지란 생각을 하지만 그건 생각일 뿐이다. 다시 똑같은 소비가 반복된다. 힘들게 일하는 나를 위로하기 위해 사고 싶은 물건들을 사고, 외식하고, 커피전문점에서 비싼 커피를 마신다. 없어도 남들 하는 건 다 하고 살아야 기분이 좋아진다. 돈을 버는 이유가 무엇인가? 이런 것들을 누리려고 열심히 일하는 거 아닌가 하고 자기 위안을 한다. 매달 이런 식으로 반복되면서 살아가고 있다. 만약 이때 누군가 나에게 조언을 해준다면 미래의 삶은 어떻게 바뀔까? 돈에 대한 당신의 생각은 어떤지 한 번 돌아보자.

이렇듯 우리는 돈 때문에 울고 웃는 자본주의 사회를 살아가고 있다. 그런데 자본주의가 무엇인지 한번 생각해본 적이 있는가? 골치 아픈 사전적인 용어를 보면 자본주의란 '이윤추구를 목적으로 하는 자본이 지배하는 경제체제'라고 나온다. 그냥 '돈이 지배하는 경제'라고 생각하면 될 듯하다. 돈이 있으면 좋은 사회다. 우리는 정말 돈에게 지배를 당하고 사는 듯하다. 쓸 때 좋지만 잘못 쓰면 엄청나게 고통스런 미래가 기다리고 있다.

내가 그렇게 학창시절과 사회초년생 시절을 살았었다. 참 다행인 것은 남은 미래가 더 많으므로 뉘우치고 다시는 그런 일이 없도록 하면 된다는 것이다. 앞서 말한 것처럼 당신도 과거의 나처럼 행동하고 있다면 당신은 돈의 지배를 당하고 있는 것이다.

자본주의는 간단하다. 노동과 자본이다. 자본주의, 노동, 자본, 어렵게만 느껴지는가? 그럼 쉽게 풀어보도록 하자. 처음 일을 시작했을 땐 모아둔 자본이 없으므로 당연히 노동이 자본을 벌어와야 한다. 그렇게 시간이 지나 일정한 자본이 쌓이기 시작하면 그 자본에게도 노동을 시켜야 한다. 하지만 우리는 자본이 너무 귀한 자식 같아서 자본에게 전혀 노동을 시키지 않는다. 반대로 그 자본이 도망을 갈까 노심초사하며 편안하게 쉬게만 한다. 이제 무슨 말인지 이해가 되는가?

생각을 바꿔야 한다. 자본은 나의 하인이자 노예다. 내가 주인이며 왕이다. 자본, 즉 하인이 없을 땐 내가 열심히 노동해서 하인을 만들어야 하지만, 하인이 어느 정도 모이기 시작하면 그 하인을 이용해서 더 나은 삶을 누릴 수 있어야 한다. 사극을 보면 양반들이 하인을 부려서 편안하게 사는 것을 볼 수 있다. 주인은 하인에게 어떤 일을 시키면 제일 내 자산을 잘 불려줄 수 있을 것인지만 고민하면 되는 것이다.

시간이 지나면 나의 노동이 벌어오는 돈은 그렇게 많게 느껴지지 않을 것이다. 왜냐면 많은 나의 하인들, 즉 자본들이 벌어오는 돈이 더 많을 것이기 때문이다. 그런 미래가 기다리고 있는데 왜 하인들에게 일을 시킬 생각은 하지 않고, 오로지 그 하인이 도망갈까 두려워 은행에서 편히 쉬게만 하고 있는가.

돈의 주인인 내가 그것을 이해하지 못하고 돈의 노예로 전락한다면 나뿐만 아니라 나의 자녀도 돈의 노예로 살아갈 것이다. 그렇게 하고 싶은 사람은 없을 것이다.

자, 그럼 우리는 노예인 돈에게 어떻게 일을 시킬지 고민해야 한다. 막연히 돈이 돈을 벌어오겠지라고 생각한다면 돈은 가출하고 말 것이다. 그리고 돈에게 너무 많은 돈을 벌어오라고 요구한다면, 즉 너무 큰 욕심을 낸다면 또 돈은 달아날 것이다.

그러나 거북이처럼 꾸준히 묵묵히 노력해서 현명한 주인이
된다면 하인인 돈도 그에 보답할 것이다.

# 막연한 **두려움**도 갖지 말고, 필요 이상의 **희망**도 품지 마라

지금부터 잠깐 눈을 감고 생각에 잠겨보자. 지금 이대로 20~30년의 세월이 흐른다면 당신의 인생은 돈 걱정 없이 행복하겠는가, 아니면 그때도 먹고살 걱정을 하고 있겠는가? 짧게 말해서 희망적이겠는가, 절망적이겠는가? 만약 전자라는 생각이 든다면 지금부터 이 책을 읽지 않아도 된다. 하지만 후자라는 생각이 든다면 반드시 이 책을 끝까지 읽어라. 책이 어렵지 않으니까 그냥 읽으면 된다.

대부분 사람은 지금 이대로 늙는다면 인생이 암울할 거라고 생각하고 있을 것이다. 어찌 보면 아주 당연한 현상이다. 현재 20~40대라면 많은 돈을 모아서 행복하게 생활하고 있기보다는 자녀교육이나 부모부양 등으로 쓰는 돈이 많고, 적은 돈을 모아가는 과정일 것이다.

하지만 열심히 사는 것만으로 인생이 희망적으로 바뀐다면 누군들 열심히 살지 않을까? 열심히 사는 건 기본이고, 돈을 불릴 고민과 행동을 해야 한다. 당신이 그렇게 할 수 있다면 미래는 아주 희망적으로 바뀔 수 있다.

우리는 앞으로 100세, 아니 어쩌면 최소 100세 시대를 살아가게 될지도 모른다. 통계청 자료를 보면 2014년을 기준으로 30세 남자는 약 50년을, 30세 여자는 약 56년을, 40세 남자는 약 40년을, 40세 여자는 약 46년을 더 산다고 한다. 대략 남자는 80세, 여자는 86세까지 산다는 결론인데, 이건 지금의 평균 수치이고 자고 일어나면 발달하는 의료기술로 봤을 땐 아마 그 이상 살 것으로 예상된다. 이제 얼마나 오래 살지에 대한 결론은 나왔다.

그럼 돈이 오래 살아야 할까, 아니면 내가 오래 살아야 할까? 혹시 생각해본 적이 있는가? 나는 상담하면서 많은 분께 이 질문을 드린다. 그런데 바로 나올 줄 알았던 답변이 한참을 뜸을 들이고 생각하다가 나온다. 아이러니하게 대부분 사람이 돈보다 자기가 오래 살아야 한다고 답변했다. 그러나 이건 고민할 가치가 없는 질문이다. 당연히 돈이 오래 살아야 한다.

평균 수명이 80세라고 딱 80세까지 살 돈을 마련해뒀다고 치자. 80세 12월 31일이 되었는데 죽기는커녕 엄청나게 건강하다면 어떻게 하겠는가? 건강이 받쳐주기 때문에 다음날부터 바로 폐지 줍기 전쟁에 참여할 수도 있다. 하지만 우리가 늙었을 땐 폐지 줍기가 아마 IS를 격퇴하는 것보다 더 힘든 일일 수 있다. 셋 중의 한 명은 65세 이상 노인이기 때문이다. 젊어서도 하지 않은 전쟁을 나이 들어서 할 수 있겠는가? 돈이 남는다면 나의 자녀에게 줘도 되고, '호랑이는 죽어서 가죽을 남기고 사람은 죽어서 이름을 남긴다'란 속담처럼 기부하고 내 이름 석자를 명예롭게 남겨도 된다.

이렇게 말하니 "국민연금이 있잖아요."라고 대답하는 분들이 꽤 있었다. 국민연금, 국가가 운영주체가 되는 공적연금인데, 개인적으로 공적연금이 사라질 거라고 생각하지는 않는다. 다만 지급방법이나 지급 시기의 변화가 있을 수 있다고 생각한다. 막연히 공적연금이 있다고 편안하게 생각하지 말고 그건 보너스라고 생각하자. 분명 나오겠지만 나오면 좋은 것이고, 안 나오면 그만인 것이라 생각하고 내 자산은 따로 만들어야 한다. 만약 당신이 공적연금만 믿고 있다면 정말 암울한 미래를 맞이할 수도 있다.

국민연금의 소득대체율은 2028년 이후를 기준으로 40%이다. 월 평균소득이 200만 원인 사람이라면 80만 원을 연금으로 받는다. 그것도 가입기간이 40년 이상인 사람들에 한정한다. 200만 원으로도 살기 힘든데 80만 원으로 편안한 삶을 살 수 있겠는가? 가입기간이 40년이 안 된다면 40%의 소득대체율도 되지 않는다. 하루가 멀다고 때려치우고 싶은 직장을 40년 이상 다녀야 내 월평균 소득에 40%를 받을 수가 있다. 내가 왜 보너스라고 생각하라는지 이해가 될 것이다.

긍정적인 생각을 가지는 건 아주 좋은 일이다. 하지만 돌아오는 것에 비해 너무 큰 희망을 품는다면 절망, 아니 빠져나올 수 없는 나락으로 빠질 수 있다. 긍정적으로 생각하되 준비한 만큼만 희망을 가지자.

'역사를 모르는 자는 똑같은 실수를 반복한다.'는 말이 있다. 역사는 너무 거창하고 과거라고 생각하면 좀 쉽게 받아들일 수 있을 것이다. 이미 우리 나이대가 되면 많은 것을 보고 경험했다. 여러 번의 호황과 불황 속을 겪었다. 그런데 크게 달라진 게 없다면, 옛날과 똑같이 생각하고 행동하며 살고 있기 때문이다.

아무것도 하지 않고 있다가 후회 속에 살아가는 사람을 주변에서 어렵지 않게 찾아볼 수 있다. 몇 년 전에 상담했던 한 사람은 지금도 자산도 전혀 불어나지 않았고, 여전히 아무것도 하지 않고 있다. 달라진 게 있다면 "그때 했었어야 했는데."라고 말하는 것뿐이다. '그때 했었어야 했는데'가 아니라 지금이라도 하면 된다. 내가 하지 않으면 우리 아이들도 하지 않는다.

'반면교사(反面敎師)'라는 말이 있다. 다른 사람의 부정적인 측면에서 가르침을 얻는다는 뜻이다. 내가 힘들게 살면 나의 아이들이 그걸 보고 '나는 저렇게 살지 말아야지' 하고 생각하면 얼마나 좋을까? 하지만 콩 심은 데 콩 나고 팥 심은 데 팥 날 뿐이다.

많은 사람이 재테크의 첫 시작을 무엇으로 할까 고민한다. 은행에 돈을 넣어두자니 이자도 없는 거 같아 왠지 손해 보는 느낌이 들고, 펀드를 하자니 종류가 많아 헷갈리고, 증권사란 곳은 한 번도 가본 적이 없어서 어렵게만 느껴진다. 그리고 잘못 넣었다가 손해 보면 어떻게 하나 걱정이 된다. 나이가 한 살 한 살 먹어가면서 보험은 하나 있어야 할 것 같은데 찾아보니 어릴 때 엄마가 넣어준 게 있다.

어떤가? 아마 이게 현실일 것이다. 걱정하지 마라. 많은 사람이 이렇게 살아가고 있다. 이제부터라도 바꿔가면 된다. 늦었다 싶을 때라도 시작하면 된다.

자, 그럼 은행, 증권사, 보험사에서 판매하는 상품을 믿고 가입하면 우리의 장래는 밝을지 고민해보자. 지금부터 당신이 금융 3사를 방문해서 상담받는다고 생각해보자.

첫 번째로 제일 만만한 은행에 가서 물었다.

"요즘 이자 괜찮은 적금 있나요?"

"네, 고객님. 3%대의 이자에 비과세되는 저축이 요즘 인기입니다. 이 상품을 추천해드립니다. 이미 많은 분이 가입하고 계세요."

아직 이자를 3%나 주는 상품이 있다니, 비과세도 된단다. 비과세는 이자소득세 15.4%를 내지 않는단다. 한국은행 기준금리 1.25%인 시대에 이렇게 좋은 상품이 있었나 싶고, 더구나 많은 사람이 가입하고 있다니 빨리 가입해야겠다고 생각하고 은행을 나선다.

두 번째로 증권사에 가서 물었다.

"괜찮은 펀드 하나 추천해주세요."

"네, 고객님. 요즘엔 중국이 대세입니다. 지난 한 달 동안만 30% 상승했습니다. 장기적으로 봤을 때 중국만 한 나라가 없습니다. 중국펀드로 가입하세요."

'우와, 한 달 동안 30%면 도대체 1년이면 얼마가 되는 거야? 이렇게 좋은 상품이 있었는데 난 왜 여태 모르고 있었을까?' 자책하며 증권사 문을 나선다.

세 번째로 보험사에 가서, 아니 보험설계사를 불러서 물었다.

"괜찮은 상품 있으면 추천해주세요."

"네, 고객님. 이 상품은 20년 동안 저축하시고 사망했을 시 1
억 원을 일시금으로 받으실 수 있고, 건강하게 오래 사시면 언제
든지 연금으로 받으실 수도 있습니다."

'혹시나 죽어도 거금 1억을 주고, 안 죽어도 연금으로 받을 수
있다니 빨리 죽을 걱정과 오래 살 걱정 모두를 해결할 수 있네. 세
상에나 보험사에도 이렇게 좋은 상품이 있었구나.'

자, 어떤가? 이 대화를 보고 무엇을 느꼈는가? 이것들이 금융
3사에서 많이 판매하는 금융상품이다. 당신은 어떤 상품에 가입하
겠는가?

모두 정말 좋은 상품들만 판매하고 있다. 어떤 상품에 가입하
든 높은 수익률과 안정성으로 우리의 미래를 보장해줄 듯하다. 가
입만 해도 금방 부자가 될 것 같은 느낌이 든다.

이것이 과연 사실인지 생각해보자. 물론 사실이다. 금융사에
있는 사람들이 사기꾼도 아니고 거짓말을 할 일은 없다. 하지만
이것만은 기억해라. 금융상품이 부자로 만들어주지는 못한다.


## 절대 금융상품은 친구 따라 가입하지 마라


은행에서 말한 3%대 비과세 상품은 저축보험 상품이다. 보험
상품을 은행에서 판매하는 '방카슈랑스'인 것이다. 이 상품은 10년

이상 유지해야지만 비과세가 된다. 만약 5년 안에 해지한다면 원금도 못 건질 확률이 높은 상품이다. 증권사에서 말한 지난 한 달 30%의 수익은 어마어마한 수익이 맞다. 하지만 그건 과거일 뿐이다. 투자하면서 속지 말아야 할 것 중 하나가 과거의 수익률이다. 과거에 높은 수익률을 냈다고 계속 높은 수익률을 낸다는 보장은 없다.

간혹 주변 사람 중에 "내가 왕년엔 어땠었는데."라고 말하는 사람을 본 적이 있을 것이다. "그래서 어쩌라고?" 다들 이렇게 생각하지 않았나? 단기간에 높은 수익률이 났다면 단기간에 엄청나게 떨어질 수도 있다는 위험이 도사리고 있다. 마지막으로 보험설계사가 추천한 상품은 주계약 1억 원짜리 종신보험이다. 그래서 사망하면 1억이 나오는 것이고, 대부분 종신보험은 연금전환이 된다. 그런데 연금으로 전환하면 해지환급금에서 전환되기 때문에 생각했던 것보다 받을 수 있는 연금이 적고 사망보험금 1억 원이 사라진다는 것을 알아야 한다.

앞에서 나눈 대화는 내가 지어낸 것이 아니다. 지금 금융상품을 상담받으러 가면 일반적으로 일어나는 일이다. 이래도 금융상품이 우리를 부자로 만들어줄 수 있다고 믿는가? 우리는 금융상품을 활용해야만 부자가 될 수 있다. 그러기 위해서는 내가 어떤 스타일의 투자자인지를 먼저 알아야 하고, 역할에 맞게 돈을 분리해서 언제 쓸지를 미리 정해두는 것이다. 그렇게 하지 않으면 모든 상품이 좋아 보이고, 뜻하지 않는 상품에 가입하게 되면서 상품선택에 실패하고 다시는 이런 상품 가입하지 않는다고 얘기하게 되는 것이다.

이런 상품들은 모두 특색을 가지고 있는 좋은 상품임에 틀림없다. 하지만 잘못 활용하면 돈을 엉뚱한 곳에 쏟아부어 몇 년의 시간을 허비하게 된다. 어마어마한 기회비용을 날려버리게 될 수도 있다. 금융상품에 가입할 땐 "누가 좋다더라, 수익이 많이 난다더라." 해서 가입해선 안 된다. 내가 얼마나 감당할 수 있는 상품이고, 얼마나 나에게 맞는 상품인지를 먼저 고민해봐야 한다. 이번 달만 가입할 수 있는 특판상품이라고 유혹해도 내 생각이 정리되지 않으면 나에게 맞지 않는 상품이라고 생각하고 그냥 넘겨버리자. 뜻하지 않는 상품으로부터 내 원금을 지킨 것만으로도 투자에 성공하고 있다고 생각하면 된다.

# 자녀에게 무엇을 물려줄 것인가

우리는 돈이 아주 중요한 역할을 하는 사회에 살고 있다. 그런데 돈 얘기를 하면 속물처럼 보고, 어른들이 돈을 주면 일단 빼고 보는 게 미덕인 것처럼 살아왔다. 그리고 돈이나 경제 얘기보다는 학교공부에 충실하라고만 얘기 들었다. 돈 걱정 하지 말고 공부나 하라는 얘기를 귀가 닳도록 들었다. 그렇게 20년 이상을 살아오다 보니 돈에 대해, 경제에 대해 무감각해진 것이다. 그런데 이게 웬일인가? 이제부터 평생 돈 걱정을 하고 살아가게 된 것이다.

20년만 돈 걱정 없이 살고 80년을 돈 걱정하며 살아간다니, 이런 인생을 우리 아이에게까지 물려줄 수는 없다. 이런 걱정은 내 대에서 끝내고 말 것이다.

나와 우리 아이가 인생을 편안하게 살아가기 위해서는 나의 역할, 즉 부모의 역할이 절대적으로 중요하다. 많은 돈을 물려주든가, 아니면 돈에 대해 올바르게 생각하고 원칙을 세울 방법을 알려주든가 해야 한다. 나는 많은 돈을 물려줄 수 있는 여건은 안 되어서 후자를 선택했다.

내가 결혼할 때는 미국발 금융위기를 거쳐 가고 있을 때였다. 그때 나의 잘못된 투자, 아니 투기로 전 재산의 70%가 사라지고 결혼도 미룰 뻔했었는데, 부모님께서 6,000만 원짜리 아파트를 신혼집으로 하라고 물려주셨다. 한 푼이라도 아쉬웠는데 그렇게 고마울 수가 없었다. 집에 대한 걱정이 사라지자 저축을 여유 있게 할 수 있었다. 금액적인 여유가 아니라 마음의 여유가 생겼다. 월급 150만 원에 금액적으로 여유 있게 저축할 수는 없었다. 만약 그 집이 없었다면 아주 싼 전세를 들어가거나 월세를 전전하며 매번 집 때문에 걱정하고 살았을 것이다. 그랬었다면 돈 걱정 때문에 투자는 꿈도 못 꿨을지 모른다.

미국발 금융 위기가 해결돼가면서 집값이 크게 상승했다. 만약 전세나 월세로 살았다면 더더욱 크게 걱정해야 했을 것이다. 하지만 내가 살고 있던 작고 허름한 아파트는 2배 이상 집값이 상승했다. 그리고 투자했던 자산들이 전부 2배 이상 올라주면서 이사를 생각하게 되었다.

그런데 그때 부모님은 나보다 더 작고 허름한 집에서 생활하고 계셨다. 평생을 자식들 키운다고 작고 허름한 집에 사셨는데 어차피 내가 받은 집은 내 것이 아니라고 생각하고 부모님께 큰 집으로의 이사를 권유했다. 돈이 없다고 마다하던 부모님은 나의 설득에 깨끗하고 큰 집으로 이사를 하게 되었다.

그때 난 부모님께 1억 6천만 원을 들여 이사를 도왔다. 나이 들어서 큰 집이 무슨 소용이냐고 하시던 부모님은 집을 계약하고 리모델링을 할 때 그렇게 좋아하실 수가 없었다. 그리고 내게 고맙다고, 어떻게 결혼하고 5년밖에 되지 않았는데 이렇게 큰 걸 해줄 수가 있느냐고 대견해하셨다.

난 그때 부모께 말씀드렸다. "어머니, 아버지가 저 결혼할 때 집 안 해주셨으면 저도 이렇게 못 해줬어요. 평생을 돈 걱정하면서 전세나 월세 전전했을 수도 있어요. 그러니 고맙다고 생각하지 말고 투자 잘해뒀다고 생각하세요."

그렇게 먼저 마음의 짐이었던 부모님 집을 해결해드리고, 1년 후 나도 더 크고 깨끗한 집으로 이사했다.

이렇듯 절대적인 금액이 크진 않더라도 난 그 집 때문에 내 인생이 바뀌었다고 생각한다. 물론 난 돈에 대해 관심이 많았다. 하지만 아무리 돈에 대해 관심이 많더라도 만날 찌들어 산다면 현실에서 벗어날 수 없는 게 현실이다. '개천에서 용 못 난다'는 말이 있다. 진짜 그렇게 되기 싫다면 절대적인 금액은 적더라도 물려줄 수 있는 돈을 만들어야 하고, 더 나아가 적은 돈도 크게 불릴 수 있는 실행력을 알려줘야 한다.

나는 주식으로 많은 돈을 날렸지만, 부동산으로 많은 이익을 얻었다. 부동산으로 수익을 낼 수밖에 없었던 이유가 있다. 부모님께서 "집은 무조건 하나 있어야 한다. 우리나라에서 돈 되는 건 땅밖에 없다."라고 말씀하셨기 때문이다. 그렇다고 내가 지금 부동산 자산이 많은 것은 아니다. 나는 집에 대한 정의를 '내가 살고 싶은 곳에 사는 것'이라고 생각하기 때문이다. 난 지금 부동산 자산보다는 금융자산이 더 많다. 주식으로 많은 돈을 날렸었지만, 주식으로 그 날린 돈의 몇 배는 더 벌어들였다. 하지만 그 시작은 부모님의 부동산에 대한 생각을 물려받았기 때문이라고 생각한다.

그렇다고 자녀에게 무조건 '돈돈돈' 하게만 한다면 그 마지막은 최악일 수 있다. 어릴 때부터 돈에 대한 올바른 인식을 심어주고, 스스로 적은 돈도 조금씩 불릴 수 있도록 공부시켜야 한다.

내가 모르면 나의 아이도 모를 확률이 높다. 공부할 시간이 없다는 핑계는 대지 마라. 나도 시간이 없다. 퇴근해서 집에 오면 쌍둥이 씻기고 밥 먹이고 재우면 9시가 넘는다. 청소하고 나면 11시가 넘는다. 그때부터가 내 시간이다. 편하게 소파에 누워서 TV를 보고 싶은 유혹이 들지만, 나만의 시간이 많아 봐야 2~3시간이기 때문에 TV를 보지 않는다. 바빠도 짬을 내면 충분히 할 수가 있다. 그리고 요즘은 좋은 블로거들이 많으니 자신에게 맞는 정보를 얻을 수 있는 블로그를 찾으면 시간을 절약하는 데 큰 도움이 된다.

# CHAPTER 2

# 부자가 되기 위한 마음가짐

# 어릴 때부터 시작되는
# 부자들의 습관

세 살 버릇 여든 간다는 말이 있다. 그만큼 한 번 습관이 되면 바꾸기가 힘들다. 그래서 좋은 습관만 가지는 것이 중요하다. 성공하기 위한 습관, 행복하기 위한 습관, 당신은 어떤 습관을 가지고 있는가?

아이가 어렸을 때부터 부모들은 좋은 습관을 기를 수 있게끔 많은 노력을 한다. 그런데 생각보다 좋은 습관을 길러주는 것이 힘들다. 이유가 무엇일지 고민해봤다. 내가 내린 결론은 부모들이 말만 하기 때문이다. 부모 자신은 하지 않으면서 말만으로 아이들의 행동을 바꾸려고 하고 있다. 막무가내로 "이렇게 해, 저렇게 해."라기보단 부모가 먼저 행동으로 보여줘야 한다.

귀가 닳도록 들었겠지만, 기본을 지켜야 좋은 습관을 지닐 수 있다. 일찍 일어나는 것부터 밥 먹는 것, 책 읽는 것, 신문 읽는 것 등 기본이지만 지키기 힘든 게 너무나 많다. 하지만 이런 습관을 만들려고 의식적으로 행동하는 것만으로도 성공의 길로 가는 것이다. '생각이 행동을 바꾸고, 행동이 습관을 바꾸고, 습관이 인생을 바꾼다.' 이것이 내 인생의 좌우명이다.

### 3대 가는 부자 없다?

난 아니라고 생각한다. 가끔 3대 못 가는 부자가 있을 수는 있다. 그러나 부자들의 교육방식은 일반사람들의 교육방식보다 월등하다. 부자들은 경험과 돈으로 미리미리 자녀에게까지 철저히 준비를 시킨다. 자신만의 열정과 노하우를 100% 다 물려줄 수는 없더라도 일정 부분까지는 물려주려고, 나머지 모자란 부분은 전문가를 활용하는 법을 알려준다. 모자라는 부분이 있더라고 혼자 끙끙 앓고 있을 필요가 없다.

내가 똑똑하지 못하면 나보다 더 똑똑한 사람을 부릴 수 있는 것도 능력이다. 그런 판단을 할 수 있는 것도 다 오래된 습관에서 나온다. 돈이 많다고 어렸을 때부터 흥청망청 쓰게 가르치는 게 아니라 밥 한 톨도 다 긁어먹게 가르친다.

그런데 부자가 아닌 사람들은 어떤가? '팔자대로 살겠지'라는 무시무시한 생각으로 선을 그어버린다. 그리고 공부하란 말만 반복한다. 공부만 해서는 부자가 될 가능성이 희박하다는 건 이미 앞에서 얘기했다.


## 부자들은 하나같이 부지런하다


내가 만나본 부자들은 모두 부지런했다. 처음엔 연세가 있으셔서 그런가 보다 했는데 그게 아니었다. 일찍 일어나는 건 기본이고, 운동으로 체력관리도 참 잘한다. 젊었을 때부터 성공하기 위해서 부지런하게 움직인 것이 습관이 된 것이다. 자산관리강연장에서 만난 부자들은 발품도 많이 판다.

"사장님, 사장님께선 이렇게 발품 팔지 않으셔도 되는 거 아닙니까?"

"아이쿠, 이 사람아. 세상에 공짜가 어딨나. 내가 안 움직이면 돈이 안 돼."

강연장에서 만난 분과의 대화다. 다 아는 내용이라도 혹시나 바뀐 거나 다른 것이 있지 않을까 싶어서 기회가 있으면 빠지지 않고 참석한다고 한다.

이런 분들이 쓸데없이 시간이 남아돌아서 발품을 파는 것이 아니다. 앉아서는 양질의 정보를 얻을 수가 없다고 생각하기 때문이다. 한 번의 투자 전에 수많은 전문가를 만나고 그들의 이야기를 귀담아듣고 정리한다. 그리고 결정은 자신만의 스타일대로 하는 것이다. 젊었을 때부터 몸에 밴 습관인 것이다. 우리 아이들에게 젊었을 때부터가 아닌 어렸을 때부터 이런 습관을 만들어준다면 아마 훨씬 더 성공할 수 있으리라 생각한다.


## 다섯 살만 되도 돈을 안다

난 지폐를 사용하고 나면 잔돈은 모두 아이들 돼지저금통에 저금해준다. 너무 큰 돼지저금통이 아닌 금방 꽉 찰 수 있는 주먹 두 개 만한 돼지저금통을 사용한다. 큰 저금통을 사용하면 한 번 배를 가를 때 많은 돈은 나오겠지만, 그 기다림이 길어져서 아이와 돈에 관해 얘기할 시간이 줄어들기 때문이다. 돼지 배를 가르는 날은 항상 같이 은행에 가서 지폐로 바꾼다. 그리고 그 지폐를 보여주면서 "아빠가 회사 사줄게."라고 얘기한다. 딸아이가 만 4살 때부터 그렇게 했었다. 지금은 만 5살이다.

명절이나 생일 등 아이들에게 용돈이 생길 때면 항상 "이걸로 회사 사줄게."라고 얘기한다. 그렇게 대략 1년 정도가 지나니 딸아이가 "아빠, 근데 회사 사는 게 뭐야?" 이렇게 물어봤다. 어린 나이지만 관심이 생긴 것이다. 난 딸아이가 즐겨가는 마트를 가리키며

"저런 걸 사는 거야."라고 얘기했다. 그 이후 딸아이는 궁금한 게 생긴 것 같다.

"아빠, 회사를 사면 뭐가 좋아?"

"응, 미리내(터닝메카드)가 메가테릭스로 변신하는 거야."

"우와, 그럼 좋은 거네."

요즘엔 딸아이가 돈이 생기면 먼저 가지고 와서 "아빠, 회사 사줘."라고 얘기하면서 "메가테릭스로 다 변신해가고 있어?" 이렇게 물어본다. (메가테릭스가 미리내보다 비싸다는 건 아이 키우는 부모들은 다 알 것이다.)

난 매월 일정금액을, 그리고 아이들에게 용돈이 생길 때마다 주식을 사주고 있다. 물론 많이는 못 사주지만 아무리 적은 돈이라도 장기적으로 운용하면 꽤 괜찮을 거라고 확신하고 있기 때문이다. 위험한 거 아니냐고 물어보는 사람도 있지만, 내 생각에는 은행이 제일 위험하다. 왜? 은행의 돈은 일하지 않으니까.

이렇듯 아이가 말귀를 알아듣기 시작하고 마트에 가서 물건을 선택하기 시작했다면 그때부터 슬슬 일상생활과 대화를 통해서 습관을 만들어줄 필요가 있다. 딸아이는 나와 마트에 가는 것을 좋아하지 않았다. 천 원이 넘지 않는 가격대에서 딱 1개만 살 수 있기 때문이다. 그래서 입에 달고 있는 말이 있었다. "아빤 만날 아빠 마음대로야. 힝."

하지만 이제는 두 개를 고르라고 해도 "아빠, 마트에서는 하나만 사는 거야."라고 먼저 말한다.

　안 되는 걸 억지로 하려면 힘들겠지만, 내가 말한 건 일상생활 속에서 누구나 다 할 수 있을 것이다. 우리가 이웃을 보면 습관적으로 하는 인사처럼, 내가 알고 있는 돈을 대하는 방법을 아이들의 몸에 배게 만들어줘야 한다. 그러면 나의 노후는 물론이고 아이들의 미래까지 훨씬 더 가벼운 마음으로 준비할 수가 있을 것이다.

# 어떤 부자가 될지 선택하라

모두 부자가 되고 싶어한다. 그럼 부자는 어떻게 정의할 수 있을까? 먼저 사전적인 의미를 보면 '재물이 많아 넉넉한 사람'으로 나와 있다. 어떤 책에서는 '지금 당장 하고 싶은 것을 할 수 있는 사람'이라고도 한다.

난 재물이 많거나 넉넉하지 않다. 지금 당장 하고 싶은 것을 할 수도 없다. 아직 부자가 아니란 얘기다. 하지만 하기 싫은 건 하지 않을 정도의 재물은 모았다. 예를 들면 직업의 특성상 많은 사람을 만나는데 그중에는 진상(?)이 꼭 있기 마련이다. 난 이런 분들과의 상담은 정중히 거절한다. 친구들은 배가 불렀다고 얘기하는데 내 생각은 다르다. 그런 분들 때문에 버려지는 내 시간이 아깝고 멘탈 또한 무너지면 회복되는 데 시간이 오래 걸리기 때문이다. 그래서 나는 돈보다 귀한 내 시간과 멘탈을 지키기로 한 것이다. 이것이 스스로 인생을 선택하는 방법이다.


## 선택의 실패는 성공으로 가는 과정이다


난 고등학교와 대학교 선택에 실패했다. 이 실패는 평생에 걸쳐서 두고두고 영향을 끼치는 선택일 수 있다. 학교생활은 나름 즐거웠고 친구들도 많았다. 하지만 전공이 나에게 맞지 않았다. 재미가 없었고 왜 공부하는지도 몰랐다. 당연히 성적이 좋을 리 없었고 졸업에만 초점이 맞춰졌다. 취업도 전공과 관련된 곳이 아닌 일반 사무직에 지원할 수밖에 없었다. 학교의 선택은 내가 직접 했기 때문에 모든 책임은 내가 져야 했다. 어른이 되면 가장 힘든 것이 선택에 관한 책임은 스스로 지는 것이다.

나는 어른뿐만 아니라 아이들, 청소년들도 선택에 관한 책임은 스스로 질 수 있어야 한다고 생각한다. 만약 그때 부모의 강요로 선택했다면 아마 많은 불만을 품었을 것이다. 아니 평생 부모를 원망하면서 살았을 수도 있다. 나는 잘못된 선택에 대한 대가를 알았기 때문에 틈만 나면 미래에 대해 생각하게 되었고, 더 나은 삶을 살기 위해서는 무엇을 해야 하는지 생각하게 되었다. 그런 선택의 실패가 나를 더욱더 주도적으로 만들었다. 그래서 지금도 하고 싶은 게 있으면 뭐든 해보고 있다. 해보기 전에는 결과를 아무도 모르기 때문이다.


## 투자도 선택이다

"쥐꼬리만 한 월급, 모아도 모아도 모이지가 않아요."

상담하면서 이런 말을 제일 많이 듣는다. 나도 첫 직장에서 월급 120만 원 받을 때 모아도 모아도 모이지가 않았다. 그래서 고민하다 선택한 것이 주식과 펀드 투자였다. 사실 당시에는 다른 선택을 할 만한 게 없었다. 부동산에 투자하기에는 월급보다 그 단위가 너무 크다고 생각했다.

그런데 찾아간 은행, 증권사, 보험사에서는 각 회사 상품들의 장점만 나열하곤 했었다. 난 당시 나에게 맞는 상품을 선택할 수 있는 판단력조차 없었다. 그래서 친구들이나 주변 어른들에게 물어보면 돌아오는 답은 "모른다"였고, 주식이나 펀드를 한다고 하니까 미친놈 취급했다.

2,000년 초반엔 투자에 대한 개념이 별로 없던 시절이었다. 월급은 적고 빨리 부자는 되고 싶고, 결국 욕심만 앞선 선택은 안 좋은 결과만 가져왔다. 돈을 공부했었어야 했는데 그땐 전혀 생각지도 못했고 내 주변에서는 투자에 대해 아는 사람도 없었다. 모

두 돈에 대해선 까막눈이었다.

그때부터 돈을 공부하기 시작했고 또 많은 실패를 겪었지만, 그 실패가 지금은 더 많은 성공을 이루게 도움을 주고 있다.

"누군가 옆에서 조금이라도 알려줬다면 아마 더 빠르지 않았을까?" 지금도 가끔 이런 생각에 잠기며 아쉬워할 때가 있다.

아마 당신도 마찬가지일 것이다. 투자는 하고 싶은데 막막하기만 하다. 누군가 알려준다면 얼마나 좋을까? 너무 성급하게 마음을 먹을 필요는 없다. 시간은 많다. 짧게 생각하면 손해만 보고 마음만 다칠 뿐이다. 느긋하게 돈 공부를 시작해보자. 내가 다 못 하면 내 아이들이 하면 된다고 생각해라.


## 돈과 바꾸는 시간


우리는 시간과 돈을 맞바꾸면서 살아가고 있다. 그런데 대부분 사람은 헐값에 귀중한 시간을 다른 사람에게 판매하고 있다. 헐값에 판매하는 것도 모자라 그냥 버리는 사람들도 있다. 어떻게 시간과 돈을 맞바꾸고 있느냐고? 직장에서 일하고 급여를 받는 것이 바로 그것이다. 우리는 시간이 나면 버리지 말고 어떻게 하면 내 시간을 가장 비싼 값으로 판매할 수 있을지 고민해야 한다.

대부분 직장인은 생각할 시간이 없다.(직장인들을 비하하는 말은 아니다.) 앞서 말했지만, 회사일 때문에 너무 바쁘기 때문이다. 회사는 시간이 흐를수록 내 시간을 더 헐값에 사려고 한다. 더 나아가 내 시간 따위는 필요하지 않다고 얘기한다. 이렇게 됐을 때 우리가 할 수 있는 선택은 아무것도 없다. 그저 더 헐값에라도 판매할 수밖에는….

'박사도, CEO 출신도… 노인은 경비, 청소밖에 할 게 없어요.'란 신문기사가 생각난다.

그 반면에 내가 만난 부자들은 항상 시간이 많은 것처럼 보였다. 틈만 나면 골프를 치거나 많은 사람과 모임, 취미를 공유하고 있다. 나도 옆에서 지켜만 봤을 때는 '역시 돈이 좋은 거야. 만날 놀러만 다니네.'라고 생각했었는데 몇 번 만나고 대화를 나눠보니 내 생각이 틀렸다는 것을 알았다. 부자들은 그런 자리에서까지 먼 미래를 내다보면서 자신의 시간을 투자하고 있었던 것이다. 시간이 갈수록 자신의 시간을 더 비싸게 만들고 있었다.


난 마트 푸드코트에서 음식을 주문할 때에 세상에서 가장 어려운 선택 같은 느낌을 받는다. 100여 가지 음식 중에 딱 한 가지를 선택해야 한다. 그것도 내 입맛에 맞는 맛있는 것으로…. 결국은 가장 맛있는 음식을 찾기보다 실패할 확률이 작은 것을 선택한다.

이렇듯 우리는 매일, 매시간 크고 작은 선택의 갈림길에 선다. 그렇게 자주 하는 선택이지만 스스로 인생을 선택하는 삶이란 생각보다 어렵다. 특히 요즘 아이들은 부모의 그늘에 가려서 많은 것을 스스로 선택하지 못하고 부모의 도움을 받는다. 당신의 아이가 마마보이, 마마걸이 되는 건 원치 않을 것이다.

실수에 너그러운 마음을 가져야 한다. 어렸을 때부터 약간의 잘못이 있을 수 있더라도 스스로 선택할 수 있는 기회를 줘야 한다. 마트에서 맛없는 음식을 선택했다고 야단을 치지는 않는지 돌아보자. 아이는 어떤 일이든 스스로 해결할 수 있는 지혜로운 사람으로 성장할 것이다.

# 호황보다 **불황**에 **기회**가 더 많다

　우리는 살면서 많은 경제위기와 마주한다. 내가 고등학교 때는 IMF 외환위기가 있었고, 10년 전에는 우리와 아무런 관계가 없는 듯한 미국의 금융위기가 있었다. 외환위기는 우리나라 일이라서 그렇다 치지만, 미국의 금융위기 때문에 왜 우리나라가 더 힘들어졌는지는 그때는 이해하지 못했다. 그냥 '경제가 어렵구나'는 하는 안일한 생각으로 소주나 한 잔하면서 위로했다.

　가장 최근에는 영국의 브렉시트 때문에 또한 번 출렁였다. 왜 우리나라가 아니라 다른 나라에서 일어나는 일 때문에 우리가 피해를 보는 걸까? 우리는 항상 이런 의문을 가지고 살아야 하고 위기를 기회로 활용할 방법을 고민해봐야 한다.

## 위기는 위대한 기회

누구나 위기가 오면 힘들다. 아무것도 하지 않았는데 내 자산은 줄어든다. 특히 주식이나 펀드를 가지고 있는 사람은 시세가 매일매일 눈에 띄기 때문에 더 힘들다. 부동산을 가지고 있는 사람은 조금 덜하다. 시세 변동이 바로바로 눈에 띄지 않기 때문이다. 같은 자산이지만 시세가 눈에 띄느냐 안 띄느냐에 따라 마음이 달라진다.

나도 돈 공부를 하기 전에는 힘들었던 게 사실이다. 하지만 이제는 왜 이런 위기가 오고 어떻게 하면 위기를 헤쳐나갈 수 있는지 알기 때문에 크게 신경 쓰지 않는다. 생각은 간단하다. 자본주의 사회는 위기와 기회가 항상 공존한다. 누구에겐 위기지만 누구에겐 기회가 되는 것이다.

그런데 기회를 잡는 사람은 항상 부자들이었고, 위기에 빠지는 사람은 일반사람들(부자가 아닌 사람들)이었다. 왜 이런 차이가 생길까? 바로 돈을 대하는 태도에서 차이가 나기 때문이다. 부자들은 지금 바로 사용할 돈이 아니면 돈을 투자한다. 이들은 손해 보는 것은 본능적으로 싫어하기 때문이다. 그리고 단기간에 오르내리는 시세차익은 신경 쓰지 않는다.

일반사람들은 목표란 게 없다. 있으면 쓰고 없으면 안 쓰는 것이다. 그리고 투자를 할 때도 오르면 사고 떨어지면 판다. 일반인들은 부자들을 더 부자로 만들어주는 제로섬 게임을 하고 있고, 이 게임에서 매번 지고 있다. 부자가 아니라도 이기는 게임을 할 수 있다. 바로 부화뇌동하지 않는 것이다.

세상에 공짜로 된 조언은 가려서 들어야 한다. 특히 카더라통신을 멀리 해라. 지나간 과거를 살펴보고 1~2년 안에 사용할 돈은 절대로 위험자산에 투자해선 안 된다. 이런 간단한 것만 지키더라도 위기를 기회로 바꿀 수 있다.


## 차이를 좁히는 시간


호황에는 일반사람들이 부자들을 따라잡기 힘들다. 같은 조건이라면 부자들이 더 잘나갈 수밖에 없다. 하지만 불황에는 얘기가 달라진다. 어떻게 생각하고 행동하느냐에 따라서 그 차이는 좁혀지거나 뒤집어질 수 있다는 것이다. 큰 부자는 크게 망하지만, 돈이 별로 없는 사람은 망할 것도 없다. 즉 불황의 기회를 잘 활용하면 되는 것이다.

"언제부터 준비하면 되나요?"

상담 시 가장 많이 듣는 말 중의 하나다. 나의 대답은 "언제나 항상"이다.

하지만 사람들은 항상 호황에 투자를 시작한다. 호황 때는 가

만히 있어도 자산이 늘어나기 때문인데 주변인들 말만 듣고 부화뇌동하는 것이다. 내 생각은 조금 다르다. 호황에 시작하면 불황 때 손해를 볼 확률이 높다. 물론 다 그렇다는 건 아니지만, 나의 경험, 주변 사람들 얘기를 들으면 대부분 그렇다.

간단한 예를 들면 작년에 중국주식이 1년에 100%씩 오를 때 거의 다 오른 시점에 많은 사람이 중국에 투자했다.

"친구가 은행에 다니는데 지금 중국펀드 사라고 하는데요, 괜찮을까요?"

"아뇨, 너무 많이 올랐어요. 하지 않으시는 게 좋겠는데요."

"벌써 넣었는데요."

실제 사례다. 거품이 꺼지고 반 토막 났을 때 사람들은 잘못된 투자였다는 것을 깨달았지만 이미 자산은 줄어들고 난 후였다. 주식 격언 중 '무릎에 사서 어깨에 팔아라'란 말이 있다. 하지만 부화뇌동하는 사람들은 어깨에 사서 머리에 팔려고 한다.

또 다른 이유는 호황에 투자해서 이익을 거두면 자금이 내 주머니로 들어오기 전에 돈을 써버린다. 단지 평가액만으로 수익이 났다고 생각하는, 즉 마음이 부자가 되기 때문이다. 내가 가진 집 값이 올랐다면 내 자산이 늘어난 건 맞지만 내 주머니 속으로 돈이 들어오는 것은 아니다. 주식이나 펀드도 마찬가지다. 평가액은 그저 숫자일 뿐이다. 그리고 불황이 오면 다시 자산은 쪼그라든다. 하지만 이미 돈을 써버린 후라서 더 크게 자산이 줄어든다고 생각한다. 이렇게 주변 상황에 따라 행동하지 말고 돈 공부를 하고 소신껏 행동해야 돈에 대한 걱정이 조금이나마 줄어들 수 있다.


## 불황일수록 돈 공부를 하라


돈 공부는 불황일수록 더 많이 해야 한다. 내가 공인중개사학원에서 근무할 때 느낀 것은 부동산 가격이 오를 때까지 오르면 공인중개사학원은 호황을 맞이한다. 부동산 거래가 잘 되니 공인중개사가 돈을 번다는 소문이 나기 때문이다. 하지만 반대로 불황 때는 학원이 매우 조용하다. 불황 때 공부를 시작하고 공인중개사 사무실을 차리거나 취업을 해야 한다. 그렇게 경험과 영업력이 어느 정도 쌓이고 나면 호황이 오게 마련이다. 경기는 일정한 기간을 두고 호황과 불황을 왔다 갔다 한다. 그리고 호황이 왔을 때 그동안 쌓았던 경험으로 부를 거머쥐어야 하지 않을까?

지금까지 한 얘기는 말로 하기는 참 쉽다. 하지만 그렇게 행동하기엔 너무나 힘들다. 왜일까? 경기는 일정한 기준으로 호황과 불황을 반복하지만 딱 기간이 정해져 있지 않기 때문이다. 호황이 길어져도 힘들 수 있고 불황이 길어져도 힘들 수 있다. 어느 것이 좋다고 말하기보단 어떻게 준비하고 대응하느냐에 따라 호황이 좋을 수도, 불황이 좋을 수도 있다. 그래서 난 호황도 좋고 불황도 좋게끔 돈을 운영하는 공부를 하고 있다. 호황에는 자산이 늘어나서 좋고 불황에는 싼값에 자산을 사들일 수 있어서 좋다. 이것이 투자에 대한 나의 마음가짐이다.

이런 마음가짐은 하루 이틀 만에 가질 수 있는 것이 아니다. 오랜 시간 준비하고 경험하면서 만들어지는 것이다. 우리에겐 부자가 될 수 있는 시간이 많다. 앞서 말했듯이 내가 부자가 되지 못하면 우리 아이들을 부자로 만들어주면 된다. 모두 시간과의 싸움이다. 시간을 넉넉히 가질 수 있으면 충분히 부자가 될 수 있으니 급하게 마음먹지 말고 하나하나 준비하고 실행해보자. 그러면 금전적으로 아주 넉넉하지는 못할 수는 있어도 힘들게 살지는 않을 것이다.

# 부자가 되는 길에 과속하지 마라

'어떻게 하면 빨리 부자가 될 수 있을까? 로또를 매주 사보도록 하자. 스포츠 토토를 매주 하자. 강원랜드에서 살아보자. 한 번만 걸리면 바로 부자의 대열로 뛰어들 수 있다. 우리 아이들에게도 이런 식으로 빨리 부자 되는 방법을 알려주자.'

아마 이런 방법으로 부자가 되는 방법을 알려주는 부모는 없을 것이다. 그런데 왜 부모 자신은 이런 방법을 행하고 있는지 모르겠다. 자본주의 사회에서는 누구나 다 노력하면 부자가 될 수 있다. 내게 시간이 부족하다면, 우리 아이는 충분히 부자가 될 수 있는 시간을 가지고 있다. 로또, 토토, 도박 등으로 한순간에 부자가 될 수 있을진 몰라도 그 부를 오랫동안 유지하기는 아마 당첨

되는 것보다 더 힘들 것이다. 하지만 돈 공부를 해서 부자가 되었다면 그 부는 대대로 유지할 수 있다.

인생은 굉장히 길다. 통계청 자료로도 충분히 확인할 수가 있다. 40세라면 평균적으로 이제까지 살아온 만큼 더 살 수가 있다. 20세, 30세라면 살아갈 날이 예상보다 더 길 수 있다. 시간은 많다. 남아도는 게 시간이다. 이제 이 시간을 돈으로 바꿔보자.

## 천천히 그리고 때로는 빠르게

우리의 부모가 부자가 아니라면 현재의 나도 부자가 아닐 확률이 높다. 부는 대물림 되기 때문이다. 하지만 내가 지금 부자가 아니라고 우리 아이까지 부자가 안 된다면 또 얼마나 불공평할까? 이런 불공평함은 내 대에서 끊어버리고 싶다. 나도 부자가 되고 우리 아이들도 꼭 부자로 만들고 싶다. 부자가 되는 과정은 아주 장기적이다. 장기적인 계획을 짜고 천천히 만들어가면 된다.

초보운전자들은 아주 조심스럽게 운전을 한다. 긴장되기도 하고 혹시 모를 사고를 염려해서다. 그런데 돈에 관해서, 투자에 관해서는 초보들이 더 대담하다. 앞뒤 가리지 않고 무작정 시작하고 터무니없는 많은 수익을 원한다. 돈 공부를 시작한 지 얼마 되지 않았다면 초보운전자이다. 초보운전자는 초보운전자답게 운전을 하자.

간혹 운전하다 보면 아주 난폭하게 운전하는 차량을 만날 수 있다. 모두 다 사고가 나지는 않지만, 천천히 안전운전을 하는 차에 비교하면 사고 날 확률이 매우 높다. 실제로 사고가 난 것도 많이 목격했다. 과속한다고 목적지에 엄청나게 일찍 도착하는 것도 아니다. 기껏해야 몇 분 차이였다. 하지만 사고가 난다면 그 차로는 목적지에 도달할 수가 없다. 자산을 늘려가는 것도 운전과 똑같다. 단기간에 많은 수익을 내려고 과속한다면 우리가 원하는 목적지에 도달하지 못할 수도 있다.

그래서 투자하더라도 필요 이상으로 과속하는 것이 아니고 흐름에 따라 때로는 빨리, 때로는 천천히 달려주는 것이 좋다.

## 기대만으로는 절대 기대대로 되지 않는다

부자들은 수익을 크게 내는 것보다 세금을 줄일 방법을 고민한다. 세금을 줄이는 것만으로도 부를 늘리거나 유지할 수 있기 때문이다. 일반인들은 수익률을 높이기 위해 노력한다. 세금은 크게 중요하게 생각하지 않는다. 차이는 무엇일까? 10억의 1%이면 1천만 원이지만 1천만 원의 1%는 10만 원이기 때문이다. 같은 퍼센티지인데 그 금액은 크게 차이가 난다.

10억으로 1년에 10%의 수익을 올리면 1억이 늘어난다. 하지만 1천만 원으로 10%의 수익을 올리면 1백만 원이 늘어난다. 이래서 일반인들은 1년에 100%의 수익을 올리고 싶어하는 것이다. 100%의 수익을 올리기 위해서는 100%의 손실도 감수해야 하지만 그렇게 생각하는 사람은 아무도 없다. 단순히 기대감만 가지고 투자하기 때문이다.

## 투자에 대한 관점 만들기

한 사물을 보더라도 사람마다 보는 관점이 다르다. 그리고 교육에 의해서 바뀌기도 한다. 만약 어릴 때부터 고양이를 개라고 가르쳤다면 그 아이는 커서도 고양이가 개인 줄 알 것이다. 물론 그런 단순한 사물에 대해선 후에라도 바로잡을 수 있다. 그래서 투자는 자신만의 관점을 잡는 것부터 시작되어야 한다. 그에 따라 투자대상이 달라지기 때문이다.

"펀드 하나 추천해주세요."

"어떤 종류의 펀드를 추천해드릴까요? 투자 스타일이 어떠세요?"

"예? 음…. 그냥 수익이 많이 나는 걸로요."

당황스럽다. 그런 것을 알고 있다면 난 일을 하지 않을 것이다. 이 사람은 투자에 대한 관점을 수익이 많이 나는 것으로 잡고 있다. 이런 관점을 가지면 평생 수익을 내기 힘들다. 항상 "수익 많이 나는 것 좀 알려주세요."라고 조언을 얻으러 다니지만, 이런 사람들은 수익이 많이 날 수 있는 것을 알려줘도 결국 자기 것으로 만들지 못한다. 파는 시점을 모르기 때문이다.

조언을 얻으려면 질문을 바꿔보는 건 어떨까?

"어떻게 하면 적은 금액이라도 오래도록 꾸준한 수익을 올릴 수 있을까요?"

"왜 그런 식의 수익을 올릴 수 있다고 생각하세요?" 이런 식으로 말이다.

이렇게 질문에 질문을 거듭하면서 자기 생각을 정리하고 공부하면 자기만의 투자 관점이 생길 것이다. 그리고 그런 관점이 있다면 단기간의 손해는 손해로 보지 않는다.

"아빠, 내가 가진 자산은 왜 줄어들고 있어?"

"몰라. 인마. 내가 그걸 어떻게 알아."라는 대화보다 "응, 지금 영국의 브렉시트 때문에 불확실성이 커져서 그래. 아무도 모르는 미지의 세계로 들어가는 거라서 사람들이 불안해하고 있는 것 같아. 하지만 자본주의는 그런 것을 이겨낼 수 있기 때문에, 그동안 우리는 지켜보면서 공부하고 있으면 된단다." 이렇게 대답할 수 있다면 얼마나 좋을까?

자신만의 관점을 만드는 데는 아주 많은 시간이 소비된다. 관점이 하루아침에 만들어지는 경우도 있다. 하지만 그런 관점은 다음 날이 되면 또 다른 관점으로 바뀐다. 일희일비하는 관점이 아니라 평생 내 자산을 지키고 우리 아이에게 물려줄 수 있는 관점을 만들어야 한다.

사업하는 사람들을 보면 좋은 회사에 취업해서 열심히 돈 벌고 매년 연봉을 올릴 수 있도록 노력하라고 가르치기보단 좋은 회사에 취업해서 어떻게 하면 사장이 될 수 있는지 공부하고 가르친다. 그들은 사업에 대한 관점을 가지고 있기 때문이다. 이렇듯 관점을 어떻게 잡느냐에 따라서 인생이 달라진다. 그리고 그 관점은 과속한다고 만들어지는 것이 아니다.

# 돈 공부를 할 때 반드시 읽어야 할 책

아무리 많은 경험을 하고 많은 생각을 하더라도 이 세상에 있는 많은 사람보다는 뛰어날 수 없다. 그래서 우리는 교육을 받는 것이고, 그런 교육으로 더 나은 생각과 더 나은 행동을 하게 된다. 경험했겠지만 학교 교육만으로 힘들다. 그런데 사람들은 사회로 나오면 돈에 대해서는 교육을 받기보다는 조언을 얻기를 원한다. 빠른 결과물을 요구하기 때문이다.

하지만 돈에 대해선 조언보다는 반드시 교육을 받아야 한다. 조언은 당장엔 효과가 있을지 모르지만, 지속적으로 실행하기는 어렵다. 교육을 받는 방법은 여러 가지가 있다. 강의, 박람회, 블로그, 책, 동영상 등이다. 자신에게 가장 잘 맞는 방법 두어 가지만 찾으면 된다. 금융사 직원에게 듣는 것은 조언이다. 조언은 듣고 자기만의 것으로 만들 수 있는 역량이 필요하다. 그러기 위해서 교육이 필요한 것이다. 나의 돈 공부 비중은 책이 가장 크고, 블로그, 강의 순이다.


### 책책책, 책을 읽읍시다


내가 돈에 대해 가장 많은 정보를 얻는 것은 책이다. 군대 있을 때부터 돈에 관련된 책은 굉장히 많이 읽었다. 내 책꽂이 대부분은 돈에 관한 책이다. 집들이 때 아내 후배가 책장을 보더니 "형부가 어떤 스타일인 줄 알겠네요."라고 말할 정도다.

하지만 20대 때 봤던 책은 대부분 한순간에 많은 돈을 버는 방법들을 설명한 책이었다. 지금 생각해보면 크게 도움이 안 되는 책이었는데, 그때는 왜 그런 책들만 눈에 들어오는지…. 요즘엔 재테크는 자기계발라는 생각이 강하게 든다. 투자에 관한 책을 보더라도 투자기법을 다루는 책은 멀리 한다. (완전히 안 보는 것은 아니다.)

기법만으로는 부자가 될 수 없다. 아니 단기간에 부자가 될 순 있을지도 모르지만 결국엔 아무것도 가지지 못하는 듯하다. 내 주변에 많은 사람이 그랬고, 나 역시 한순간 내가 부자라는 생각에 쩔어서 앞을 보지 못했다. 자기만의 돈에 대한 스타일을 찾는 것이 우선이다. 그래서 재테크는 자기계발이 우선되어야 한다고 말하는 것이다. 나에게 도움이 된 몇 권의 책을 소개하겠다.


**누가 내 치즈를 옮겼을까 | 스펜서 존스 | 진명출판사**

굉장히 얇은 책이다. 언제 어디서든 30분 정도면 충분히 읽을 수 있을 정도로 얇은 책이지만 그 내용은 평생을 두고두고 되새기게 한다. 인간과 생쥐가 치즈가 아주 풍요로운 방을 찾게 되고 그 삶에 취해서 살고 있다. 하지만 어느 순간 치즈가 줄어들고 있다는 걸 느낀 생쥐는 새로운 치즈를 찾아 주저 없이 움직이지만, 인간은 눈앞의 풍요로움에 빠져 미래를 대비하지 못한다. 결국엔 치즈가 바닥이 나지만 다른 치즈 창고를 찾아 나서기를 두려워한다. 이 책은 '현실에 안주해서 변하지 않으면 살아남을 수 없다.'는 강력한 메시지를 전달한다.


**부자 아빠 가난한 아빠 1 | 로버트 기요사키 | 황금가지**

재테크를 해본, 또는 생각해본 사람들은 누구나 한 번쯤은 읽었을 책이다.

**가난한 아빠** 돈을 좋아하는 것은 모든 악의 근원이다. 열심히 공부해서 좋은 직장을 구해야 한다. 돈은 안전하게 사용하고 위험은 피해라. 똑똑한 사람이 되어야 한다.

**부자 아빠** 돈이 부족한 것은 모든 악의 근원이다. 공부 열심히 해서 좋은 회사를 차려야 한다. 무엇보다 위험을 관리하는 법을 배워라. 네가 똑똑한 사람을 고용해야 한다.

가장 먼저 나오는 문구인데 여기서 부자 아빠와 가난한 아빠의 자본주의를 대하는 태도가 명확이 다른 것을 볼 수가 있다. 돈이 돈을 벌어오는 자본주 시스템을 쉽게 잘 얘기해준다. 2,000년에 책이 나왔고 벌써 16년이 되었음에도 현대인에게 시사하는 바가 크다.


**부의 추월차선 | 엠제이 드마코 | 토트**

〈부자 아빠 가난한 아빠〉의 최신판이라는 생각이 들었다. 돈은 기하급수적으로 불리는 것이라는 문구가 머리에 강하게 남았다. 자본주의에 대해 끊임없이 생각하게 해주는 책이다.

**인도를 걷는 사람**  가난한 사람(재무적 목적지가 존재하지 않는다. 그들의 계획은 계획을 세우지 않는 것이다.)

**서행차선을 달리는 사람**  중산층(부자가 될 수 없는 이유로 가장 자주 내세우는 핑계는 '시간이 없다'이다.)

**추월차선을 달리는 사람**  부자(추월차선을 달리려면 엔진오일을 새것으로 교체해야 한다. 엔진오일은 교육이고 지식이다.)

책에서 나오는 부의 3요소인 3F, 가족(Family), 신체(Fitness), 자유(Freedom)는 내가 생각하는 부자의 모습이다.


**돈 걱정 없는 노후 30년 | 고득성 | 다산북스**

내가 돈 공부를 시작했을 때 가장 강력하게 영향을 준 책이다. 2006년도에 이 책을 읽고 돈에 관한 생각이 잘못되었다는 걸 깨달았다. 복리의 위대함에 대해 눈뜨고 노후를 생각하게 한 책이다. 소설로 풀이하고 있어서 누구나 쉽게 읽을 수 있다.


**후천적 부자 | 이재범 | 프레너미**

절판되었다가 증보판으로 출판되었다. 재테크 책이라기보다 자기계발 책
으로 보는 게 더 맞지 않을까 싶은 생각이 들 정도로 투자의 원칙과 기본
에 대해서 잘 얘기해준다. 이 책을 20대에 만났더라면 어땠을까 하는 생각
이 절로 나게 하는 책이다. 어렵지 않고 누구나 다 후천적 부자가 될 수 있다
는 희망을 준다. 개인적으로는 내 생각과 너무나 비슷하지만 더 깊이 있다.


**피터 린치의 투자이야기 | 피터 린치, 존 로스차일드 | 흐름출판**
**주식에 장기투자하라 | 제러미 시겔 | 이레미디어**
**모든 주식을 소유하라 | 존 보글 | 비즈니스맵**

투자에 대한 생각을 포괄적으로 하게 만들고, 잃지 않는 투자를 할 수 있
게끔 도움을 준다. 어렵지 않고 쉽게 읽힌다. 투자를 시작하는 초보투자자
라면 반드시 읽기를 권한다. 투자에 관해서 좋은 책들이 워낙 많지만, 이
책들을 읽으면서 투자에 대한 생각을 정리했으면 한다.


**EBS 다큐프라임 – 자본주의**

1부 '돈은 빚이다', 3부 '금융지능은 있는가'는 꼭 보기를 바란다. 돈에 대해
서, 자본주의에 대해 쉽게 알려준다. 유튜브에서 검색하면 볼 수가 있다.

이 밖에도 아주 많은 책과 방송이 있지만, 다 열거할 수는 없다. 지금 돈 공부를 시작한다면 이 정도만으로 시작해도 충분하다.

또 다른 좋은 공부법은 블로그다. 파워블로거가 없어졌지만 찾아보면 아주 다양한 지식, 유용한 지식을 나눠주는 분들이 많다. 정말 감사한 분들이다. 직업적이지 않다 보니 더 믿음이 간다고 해야 할까? '노력하는 자는 즐기는 자를 이기지 못한다.'는 말처럼 특정분야 블로거가 웬만한 직업적인 전문가를 능가한다고 생각한다. 그리고 시간을 내어서 그 블로거들이 진행하는 강의에 참석하는 것도 좋다. 같은 내용이지만 글로 보는 것이랑 직접 듣는 것이랑은 하늘과 땅 차이다.

이 정도의 책과 공부법은 내가 공부하고 아이들에게 물려줘도 손색이 없을 것 같아서 정리해봤다. 재테크를 한다고 재테크 책만 고집할 필요는 없다. 재테크는 자기계발이 우선되지 않으면 성공할 수가 없다고 생각한다. 조언을 구하는 사람이 아닌 교육을 받는 사람이 되자. 내가 쓰고 있는 이 책이 재테크 책이지만 자기계발 책으로 읽히기를 바란다.

# 장기투자가
# 답인 이유

이 책에서 가장 중요하게 말하고 싶은 건 우리가 돈 공부를 해서 그 공부법을 우리 아이들에게까지 물려주자는 것이다. 그렇게만 할 수 있다면 나뿐 아니라 우리 아이들도 돈 걱정 없이 살아갈 수가 있다. 이렇게 생각한 이유가 있다. 직업적으로 노후에 대해서 많이 얘기하지만 대부분 사람이 노후문제는 아주 멀리 있는, 아니 다가오지 않을 것처럼 생각하고 있다.

"어떻게 되겠지!", "아직 멀었는데 뭘.", "아~ 몰라, 몰라."라는 대답을 많이 들었다. 아마 당신도 이렇게 생각하고 있을지 모른다.

여기서 나에게 물음표를 줬던 건 자신의 보험은 어떻게 들었는지도 모르면서 태어나지도 않은 아이 보험은 최고로 넣어달라고 하고, 아이 용품이나 먹는 것, 교육비 등을 걱정하면서도 최고로 좋은 것으로 하는 것이었다. 그런 것을 보고 나는 깨달았다. 노후대책만으로 얘기하면 답이 없었지만, 아이들과 같이 묶어서 대화하니 좀 더 쉽게 얘기가 되었다. 노후문제는 너무 멀게만 느껴질 뿐이다. 맞는 말이다. 여기에 답이 있다. 멀게만 느껴지기에 남은 시간이 많다는 것이다. 그 시간을 잘 활용해서 적은 돈을 크게 만들어 풍요롭고 행복한 인생을 만들어보자.

## 예측과 대비의 차이

장기투자하려면 자신의 관점, 즉 생각이 잘 정리되어야 한다. 앞서 말했지만, 짧은 시간에 생각이 정리될 순 없다. 오랜 시간에 걸쳐 많은 경험을 쌓으면서 자신만의 생각이 만들어진다. 생각을 정리할 수 있는 질문을 하겠다.

당신은 1~2년 뒤에 결혼할 예정이거나 아이를 출산할 예정에 있다. 즉 목돈을 사용할 시기가 오는 것이다. 시간적인 여유가 있고 요즘 주식시장도 좋아서 주식이나 펀드에 투자하려고 상담을 받았다.

**상담사 A** 기간이 너무 짧습니다. 투자에 경험도 없고 하니 그냥 현금을 보유하시는 게 좋을 것 같습니다.

**상담사 B** 충분한 기간입니다. 요즘 주식시장도 좋으니 어떤 펀드나 주식에 투자하더라도 큰 수익을 낼 수 있습니다.

당신은 어떤 선택을 하겠는가?

결과를 두 가지로 가정하겠다.

주식시장이 계속해서 상승한다면? 상담사 A의 조언을 선택한 사람은 아마 큰 손실을 봤다고 느낄 것이고, 상담사를 욕할 것이다. 상담사 B를 선택한 사람은 그때부터 상담사의 말을 맹신하게 된다.

주식시장이 계속해서 하락한다면? 상담사 A의 조언을 선택한 사람은 편안하게 결혼준비나 출산준비를 하면 된다. 상담사 B의 조언을 선택한 사람은 상담사를 찾아가 욕을 하며 난리법석을 떨 것이고 결혼비용이나 출산비용으로 큰 고민에 빠져야 한다.

이것은 예측일 뿐이다. 어느 것을 선택하던 운으로밖에 생각되지 않는다. 하지만 자산관리를 평생 예측만으로 할 수는 없다.

나라면 상담사 A의 조언을 받아들이겠다. 이게 내 원칙과 비슷하기 때문이다. 하지만 상담사 B의 조언을 듣는 사람도 많을 거라고 생각한다. 정답은 없으니 자신의 관점에 맞는 선택을 하면 된다. 상담사 B의 조언을 듣고 실행하려는 사람은 초보 이상의 투자경험이 있어야 할 것이다.

　나는 사람들에게 예측이 아닌 대비를 하라고 말한다. 세계적으로도 예측에 성공한 사람은 크게 많지 않다. 조지 소로스(소로스 펀드 매니지먼트 회장) 같은 사람이 있기는 하지만 우린 조지 소로스가 아니지 않은가. 그리고 인생의 중요한 결정을 앞두고 예측, 즉 도박을 하는 것은 아니다. 1~2년이란 시간은 생각보다 짧은 시간이다.


## 반복되는 역사에서 배울 수 있는 것


　우리가 크면서 겪은 대표적인 경제위기는 IMF로 유명한 1997년 외환위기와 2008년 미국발 금융위기 서브프라임 사태 정도이다. 최근에 영국의 EU탈퇴인 브렉시트도 말할 수 있다.(브렉시트는 현재 진행 중이어서 어떻게 단정 지어서 말할 수는 없다.) 기간으로 본다면 대략 10년마다 큰 위기가 발생한다고 볼 수 있다. 이를 주글라파동이라고 일컫는다.

　어려운 말은 집어치우고, 중요한 건 주기적으로 위기가 반복된다는 사실이다. 그리고 더 중요한 건 이런 위기들은 결국 다 극복된다는 것이다. 위기를 이겨내면 경제는 한층 더 성장한다. 다시 말해 자산이 더 많이 늘어난다. 하지만 단기적으로 자금을 운용하는 사람들은 손해를 보고 빠져나간다든가 대세상승기의 큰 수익을 누리지 못한다. 역사를 보면 많은 데이터가 이를 증명해준다. 그래서 역사, 아니 과거를 돌이켜 생각해보면 왜 장기투자를 해야 하는지 쉽게 알 수 있다.

나는 2,000년에 입대할 때 신문에서 본 주식을 샀었는데 제대하니 그 주식은 사라지고 없었다. 그 이후 2005년 펀드와 주식을 다시 시작했다. 주식이 사라지는 경험도 했으니 누가 봐도 알 수 있는 우량주를 사서 장기적으로 보유하며 수익을 내자는 생각이었다. 전형적인 초보투자자로, 안전운전하겠다는 생각이 강했다. 하지만 시장은 초보인 나를 가만히 두지 않았다. 하루 10% 이상 오르는 종목이 있지만, 우량주를 보유한 난 한 달에 1%의 이익도 못 거둘 때가 많았다. 점차 탐욕에 내 처음 생각은 지워지고 있었다. 생각이 군대 가기 전으로 돌아가 버린 것이다. 그러자 인터넷을 뒤지기 시작했고 누군가 오를 거라는 말만 하면 앞뒤 가릴 것 없이 그 종목을 사들였다.

처음엔 좋았다. 초보라서 대략 5%의 수익만 나도 돈을 뺐었는데, 이후에 그 종목이 50% 이상 가는 것을 보고 난 완전히 탐욕에 빠져들었다. 5% 수익을 낸 것이 아니라 45% 손실을 낸 것으로 생각했기 때문이다. 그렇게 도박 같은 주식투자가 계속되었고, 결국 2008년 미국발 금융위기로 인해 내 자산의 70%가 사라져버렸다. 그때 난 결혼을 앞두고 있던 상황이었다.

작년에 내가 처음 투자했던 우량종목들을 검색해봤다. 과연 장기투자가 진짜 정답인지…. 내가 보유했던 종목들은 평균 150% 상승했고, 어떤 종목은 500% 이상 상승했다.

내가 장기투자하면서 느낀 것은 첫 번째로 마음이 편하다는 것이다. 그런데 그보다 더 좋은 것은 꾸준한 수익을 가져다준다는 것이다. 추가수익으로 연초에는 은행이자 정도의 배당금도 받을 수 있었다.

장기투자하면 크게 손해 보는 일은 없다. 물론 나의 경험도 있지만, 과거의 데이터를 보고 말할 수 있다. 부동산도 물가상승률 정도는 쉽게 넘어서지만, 주식은 그 이상의 수익률을 가져다줬다. 내가 제안하는 것은 자신만의 관점을 찾고, 장기투자처를 정하고 아이 키우듯이 멀리 보고 키워보는 것이다. 이 간단한 생각 하나만으로도 우리 자신과 아이 인생이 달라질 수 있다.

# CHAPTER 3

# 생각했으면 행동하라

# 하루라도 **빨리 시작**하라

우리에겐 돈보다 시간이 더 많다. 앞에서 간단하게 말했지만, 시간을 그냥 버리지 말고 돈으로 만들 수 있어야 한다. 적은 돈을 큰돈으로 만들 수 있는 데는 시간만 한 게 없다. 복리효과라고 들어봤을 것이다. 별것 아닌 것 같지만, 복리는 아인슈타인이 세계 8대 불가사의라고 말했을 정도다.

내가 아닌 돈이 돈을 불려 오는 복리의 효과를 극대화하기 위해서는 시간이라는 힘이 절대적으로 필요하다. 이 불가사의는 누구나 다 누릴 수 있는 특권인데도 불구하고 많은 사람이 누리지 못하고 있다. 복리는 최소 10년 이상은 지나야 그 효과가 눈에 띄게 나타나기 때문이다.

## 내 돈은 내 돈, 아이 돈은 아이 돈

당신은 투자를 언제부터 시작했는가? 만약 하지 않고 있다면 이 책을 다 읽는 순간부터라도 시작하자. 발품을 많이 파는 것이 좋다. 하지만 조언을 들으면 고민하고 판단은 스스로 하기 바란다. 되도록 많은 곳으로 발품을 팔아야 한다.

당신은 아이 이름으로 된 계좌가 있는가? 없다면 꼭 만들도록 하라. 계좌는 반드시 개개인의 이름으로 개설하는 것이 좋다. 물론 한 곳에 넣어두고 표시만 잘해둔다면 괜찮다는 생각이 들겠지만 그러면 거의 실패한다. 아이 이름으로 계좌를 개설한다는 건 분산 투자의 역할로도 볼 수 있다. 웬만해서는 건드리지 않기 때문이다. 또 아이가 출생예정이라면 태어나서 출생신고를 하고 주민등록번호가 나오면 바로 계좌번호가 나오게 해줘라. 그때부터 아이에게 일정 금액을 저축해주도록 하자. 이렇게만 해준다면 당신도, 당신의 아이도 돈에 대한 걱정은 한시름 놓게 될 것이다.

예쁘고 사랑스러운 아이가 태어나면 철저히 지켜야 할 것이 있다. 보통 부모들이 돈에 관한 전권을 가지고 있게 마련이다. 그러나 아이가 태어난 순간부터 아이를 하나의 독립체로 생각해서 내 돈은 내 돈이고, 아이 돈도 내 돈이라는 생각은 버려야 한다. 난 첫 아이가 태어나 출생신고를 한 그 주에 바로 계좌를 개설해주었다. 그리고 매달 펀드에 20만 원이 자동이체되게 하였다. 태어나

자마자 매달 용돈을 지급한 것이다. 돌잔치를 하고 받은 축의금도 일부는 식대를 계산하고 남은 돈은 다 펀드를 매수해주었다.

아이가 크면 학비며 학원비, 용돈 등으로 많은 돈이 들어가게 된다. 유학을 간다거나 결혼할 때도 많은 경비가 소요된다. 그래서 난 아이가 태어나기 전부터 장기적인 계획을 세웠다. 장기적인 계획이 없다면 나와 아이 모두 돈 때문에 힘들어질 수 있기 때문이다. 돈이 없다고, 푼돈 모아서 얼마나 되겠나 하는 안일한 생각은 버려야 한다.

나는 미성년자에게 세금 없이 증여해줄 수 있는 2,000만 원을 기준으로 삼았다. 한 달에 20만 원씩 저축해주면 원금만으로 2,000만 원에 도달하기까지 약 8년이 걸린다.

현재 아이가 만 5세인데 2,000만 원의 증여자금이 모두 마련되었다. 예정보다 3년 이상 앞당겨졌다. 투자 수익률도 꽤 높았지만, 돌잔치 축의금 같은 목돈의 역할이 컸다. 목돈의 중요성을 다시 한 번 생각하게 되었다. 2,000만 원이 되는 순간 자동이체를 해지하고 나의 투자자금으로 전환했다.

처음 생각했던 대로 더 이상의 돈은 줄 생각이 없다. 대신 이 돈을 운용해서 불려줄 생각이다. 지금은 아이의 펀드를 해지하고 모든 자금을 주식과 달러로 운용 중이다. 아이가 중학교나 고등학교에 갈 때쯤 이 계좌의 존재여부를 알려줄 것이고, 한 달에 한 번은 아이와 함께 계좌 운용법에 관해서 토론할 것이다. 물론 계좌의 비밀번호는 성인이 되면 넘겨줄 것이다.


## 돈보다 운, 운보다 시간

돈을 불리려면 운도 따라야 한다. 우리 아이가 운이 있다면 2,000만 원이 더 큰돈이 되어 있겠지만, 운이 없다면 원금만 남거나 그 이하가 되어 있을 수도 있다. 하지만 경험상 10년 이상 투자했을 때 원금 이하로 내려갈 확률은 희박하다. 물론 확률이지 장담은 할 수 없다. 그래서 끊임없이 공부하는 것이다.

이제 쌍둥이의 증여자금을 마련하고 있다. 이 아이들은 한 달에 10만 원을 펀드로 자동이체를 해주고, 돌잔치 때 받은 축의금으로 주식을 매수해두었다. 그리고 아이들에게 주어진 가장 강력한 무기인 시간에 투자했다.

펀드의 비중을 줄이고 주식을 늘린 이유는 어느 정도 공부가 되었기 때문이다. 그렇다고 모든 자산을 주식으로만 운용하지는 않는다. 일부는 랩어카운트와 펀드로도 운용되고 있다. 엄밀히 말하자면 랩어카운트와 펀드도 주식이긴 한다. 투자전문가가 운용하는 간접투자 방법인데, 나는 투자전문가가 아니므로 전문가의 운용 방법을 보면서 배우고 있다.

가끔 부모님께서 내가 태어나자마자 계좌를 개설해주고 내가 결혼할 때쯤 그 계좌를 건네주었다면 어땠을까 상상해본다. 아니면 매달 삼성전자 주식을 1주씩 매수해줬다면 어땠을까? 그땐 고도성장기라서 은행이자가 상당히 높았다. 지금의 웬만한 상위 펀드 수익률보다도 높았다. 삼성전자는 말하면 입만 아프다. 부자 부모들은 그렇게 해줬을지도 모르지만, 일반적인 부모들은 그렇게 해주지 못했다. 그런 아쉬움을 나의 아이들에게는 넘겨주지 않을 것이다.

아이들이 대학 갈 때, 결혼할 때 등 인생에서 목돈이 들어갈 때마다 돈 걱정을 한다. 그런 목돈을 해결하고 나면 노후준비가 안 되어 또 걱정이다. 이렇듯 죽을 때까지 돈 걱정을 할 수밖에 없다. 돈 걱정을 없앨 수 있는 건 바로 장기적인 계획을 짜고 최대한 일찍 시작하는 것이다. 그것만이 우리의, 우리 아이의 미래를 구원해줄 유일한 빛이다.

피터 컨딜은 이렇게 말했다. "모든 사람에게 지식, 배짱, 자부심 그리고 판단을 요구하는 기회가 평생에 한 번 올 것이다. 이때 그 기회를 부여잡고 성공한다면 그는 최상류층에 진입할 수 있다. 만약 그러지 못하면 그는 계속 별 볼 일 없는 인간으로 남을 것이다."

그렇다. 누구에게나 기회는 온다. 언제 올지 모르는 그 기회를 잡기 위해선 항상 준비하고 노력해야 할 것이다.

# **노후파산**에 대처하는 우리들의 자세

평균수명이 엄청나게 늘어남에 따라 젊고 늙었다는 기준이 모호해졌다. 젊다는 기준은 은퇴 전으로 하겠다. 젊었을 때 엄청나게 많은 돈을 벌었다고 늙어서도 그 돈을 유지할 수 있을까? 이론상으로는 당연히 가능하다. 그리고 그렇게 사는 사람들도 많다. 하지만 막연하게 '젊었을 때 돈이 많으니까 늙어서도 많을 거야'란 안일한 생각은 버려야 한다.

젊었을 때의 부를 유지하기 위해선 많은 돈 공부를 해야 한다. 돈은 내가 날려버릴 수도 있고, 자식이 날려버릴 수도 있기 때문이다. 돈은 휘발성이 매우 강한 물질이다.

## '오늘 쓰면 내일 벌겠지'라는 위험한 생각

1990년대 중반 20대 중반의 나이에 월 1,000만 원 이상을 벌어들이는 사람이 있었다. 굉장히 돈을 잘 벌었지만, 그 사람의 생각에는 문제가 하나 있었다. 바로 '오늘 쓰면 내일 벌겠지.'란 생각이었다. 그 시대, 그 나이 때는 남들이 생각지도 못한 수입차를 몰고 다니며 밤마다 유흥업소를 드나들며 정말 왕 같은 생활을 했다.

하지만 한 달에 저축하는 돈은 단 1원도 없었다. 당연히 돈 공부를 할 필요가 없다고 생각했다. 하는 일만 잘 유지하더라도 평생 부를 유지할 수 있을 것만 같았기 때문이다. 수년이 지나도록 그의 생활은 변함이 없었다.

그런데 외환위기가 오고 일거리는 점차 줄어들기 시작했다. 파산은 면했지만, 결국엔 생활비도 겨우 건질 만큼의 일거리만 남은 상태였다. 궁여지책으로 작은 사업을 시작했지만, 그것 역시 힘들었다. 그로부터 20년의 세월이 흘렀지만 변한 건 없었다. 그가 가졌던 기술은 그 당시에는 돈을 많이 벌었지만, 결국 시대를 따라가지 못하는 사양산업이었다. 그렇게 한 번 기울어진 생활은 복구가 어려웠다. 혼자였다면 다른 것에 도전해볼 수도 있었지만, 나이도 들었고 가족도 생겼다. 지금 그는 겨우겨우 먹고살 정도로 가정을 꾸려가고 있다. 그는 나에게 이렇게 얘기했다. "난 그런 삶이 평생 갈 줄 알았다. 그게 사양산업인 줄은 꿈에도 몰랐다."

이건 내가 학창시절에 많이 따르고 존경하던 분의 이야기이다. 지금도 가끔 만나면 좋은 조언을 많이 해주신다. 어찌 보면 이분들의 삶을 반면교사 삼아 지금의 내가 있는지도 모르겠다.


## 노후파산에 얼마나 공감하는가


KBS스페셜 '노후파산-당신의 노후는?'이라는 제목으로 노후 문제에 관해 다룬 적이 있었다. 한 시간짜리 다큐멘터리였지만 그 내용은 가히 충격적이었다.

"남편이 명예퇴직 된다고 했을 때 자식들과 어떻게 살지 막막했습니다."

"살아갈 날은 많은데 손에 쥐어진 것은 점점 줄어들더라고요."

"너무 오래 살고 싶진 않아요. 자식들에게 병들어서 짐이 될까 봐."

"저에게 파산이라는 건 공포 그 자체였습니다. 대한민국에서 한 번 실패하는 것은 정말 회복되기 힘들다는 것을 절실히 느꼈습니다."

"우리 애들은 아직도 캥거루입니다. 부모 곁을 떠나려고 하질 않거든요."

방송에 나온 인터뷰 내용이다. 이 인터뷰 내용에서 자유로울 수 있는 사람은 아마 많지 않을 것이다.

그리고 가장 충격적이었던 내용은 은퇴 전에 전 세계를 누비며 많은 계약을 하고 회사에 크게 이바지한 CEO가 지금은 단칸방에서 기초생활수급비와 기초노령연금으로 생활하는 것이었다. 자녀와의 연락도 모두 끊겼다.

그는 자신이 노후에 설마 이렇게 살지는 몰랐다고 한다. 젊었을 때는 바빠서 노후를 생각할 여유가 없었고 월급쟁이로 일에만 전념했다고 한다. 그의 가장 큰 두려움은 고독사…. 그는 누군가 발견하게 된다면 담당 사회복지사에게 연락하라고 책상 위에 쪽지를 남겨두었다.

"두려움 같은 게 있으세요?" "네… 그건 당연하죠." 그의 목소리가 아직도 머릿속에서 지워지지 않는다.

팔십 평생을 열심히 살았는데 마지막엔 의지할 데 없는 현실. 요즘 그는 사회복지사가 주고 간 유언장을 쓰고 있다. 마지막 소원은 깨끗하게 화장되어 고향에 묻히는 것이라고 한다.

당신의 노후가 궁금하다면 KBS스페셜 '노후파산-당신의 노후는?'을 꼭 한 번 보기 바란다. 누구에게나 다 일어날 수 있는 일이다.

학교에 다니지는 않더라도 낮엔 열심히 일하고 밤엔 공부하는 사람들이 많다. 나의 친구 중 한 명도 거기에 속하는데, 의료기업체에서 8년간 일하다가 지금은 독립해서 작은 사업체를 꾸리며 열심히 일하고 있다. 이 친구가 처음에 입사했을 땐 월급이 굉장히 적었다. 내 기억으론 100만 원밖에 되지 않았다. 하지만 누구보다 열심히 일했고 납품처와 사장님에게 신뢰를 받기 시작했다. 그 작은 월급에 저축과 투자공부도 잊지 않고 열심히 했다. 친구지만 나는 이 친구를 굉장히 존경한다. 시간이 지나면서 괜찮은 월급을 받게 되었지만, 회사에 한계를 느낀 친구는 독립한다. 주변에서 '그 정도 월급이면 그만두는 게 욕심이다'고 할 정도였지만 더 나은 미래를 준비하기 위해 과감히 그만두고 자신만의 사업을 시작했다. 그리고 밤엔 열심히 돈에 대해서 공부하고 있다.

이 이야기를 하는 것은 직장을 때려치우고 사업하라는 얘기가 아니다. 자기가 가장 잘할 수 있는 것을 하면서 돈 공부와 투자를 해도 충분히 할 수 있다는 것이다.

우리는 아직 젊기 때문에 늙어서 어떻게 될지 아무도 모른다. 지금보다 더 잘살 수도 있고, 생각지도 못한 위기에 처할지도 모른다. 내가 선택한 것은 우리보다 먼저 살아본 인생 선배들의 애기를 귀 기울여 듣는 것이다. 좋은 건 좋은 대로 배울 게 있고, 나쁜 건 나쁜 대로 배울 게 있다. 나쁜 예는 반면교사로 삼으면 된다. 실패는 큰 교훈을 남겨준다. 나는 일과 돈 공부는 항상 같이 해야 한다고 생각한다. 일이 잘못되면 돈이, 돈이 잘못되면 일이 상호보완하게 해보자.

# 초보와 고수의 차이는 원칙이다

우리는 어떤 선택을 할 때마다 항상 이기는 선택을 하고 싶다. 그런데 마음처럼 잘되지 않는다. 선택의 실패, 즉 생각과 다른 결과가 나오면 누구든 좌절할 수밖에 없다. '내가 왜 이렇게 했을까? 난 이렇게밖에 못하는가? 역시 난 이것밖에 안 되지.' 등 안 좋은 생각들이 머리를 가득 채우게 된다. 그런 생각이 포기하고 싶은 마음이 들게 한다.

투자할 때에 있어서 부자가 아닌 사람과 부자의 차이는 생각에서 극명하게 나뉜다. 부자들은 처음부터 투자에 대한 생각이 남다르다. 소위 말해 본능적으로 하는 것이고, 그들만의 원칙이 있다. 하지만 부자들이라고 처음부터 그들만의 원칙이 있었을까? 내가 만난 부자들은 아니었다. 많은 시행착오를 거치고, 시간이 지나면서 자신만의 원칙이 만들어진 것이다. 단, 부자는 자기가 공부해오고 경험해온 대로 선택하므로 확신을 가지고 행동한다. 그래서 회복도 빠르다.

반면에 부자가 아닌 사람들은 원칙이 없거나 있더라도 잘 지키지 않는다. 남들이 하면 그냥 그런가 보다 하고 따라 한다. 특히 누군가로부터 조언받기를 좋아하고 걸러지는 것 없이 다 받아들인다. 극복하지 못하면 중간에 바로 포기해버리고, 변화 없는 삶을 살아간다.

더 큰 차이점은 시간이 지날수록 나타난다. 성공하건 실패하건 하나의 경험을 했다면 배울 점이 있다. 그것을 알고 자기 것으로 만들고 넘어가느냐, 아니면 그냥 넘어가느냐가 세월이 가면서 부자로 가느냐, 시간만 잡아먹느냐의 차이를 낸다.


## 원칙의 힘

앞에서 간단히 얘기했지만, 난 주식으로 내 자산의 70%를 날려버렸다. 애초에 원칙 따윈 없었다. 당시에는 참 많이 힘들었다. 그렇다고 포기해버리면 진짜 70%의 자산이 사라진 것이 확정되는 것이었다. 많이 힘들었지만, 나는 나쁜 경험도 교훈 삼아 원칙을 만들었다. 그리고 다시 공부를 시작했다. 왜 실패했는가부터 고민해서 어떻게 하면 성공하겠는지까지….

그전과 달라진 게 있다면 투자의 기술을 공부하기보단 내 마음을 다루는 기술을 공부하기 시작했다. 결국, 지금은 그때 날려버린 돈보다 많은 돈을 투자해서 큰 수익을 올리고 있다. 만약 포기해버렸다면 아마 난 그때와 다름없이 살고 있을 것이고, "주식은 절대로 하면 안 되는 거야. 아끼면서 살아야 해."라고 말하고 다닐지도 모른다.

난 그때 투자, 아니 투기로 날려버린 돈을 사회에 입문하는 학원비로 썼다고 생각한다. 그 경험이 지금까지는 좋은 결과로 이어지고 있고, 덕분에 나의 투자원칙이 더 잘 정리되었다. 나아가 나의 아이들에게까지 좋은 영향을 주고 있고, 밝은 미래를 꿈꾸게 되었다. 하지만 지금 내 투자법이 완벽히 옳다고 생각하지는 않는다. 앞으로도 공부하고 수정, 보완할 것이 엄청나게 많이 남아 있다. 그러므로 지금도 많은 전문가를 찾아다니며 공부하고 있는 것이다.

### 실제 손에 남는 건 없다

주식으로 손실을 본 사람들이 나에게 이런 얘기를 했다.

"주식이 어떻게 자본주의의 꽃이냐, 암이지."

"이때까지 누가 돈을 먹은 건지 모르겠네."

"우리나라에서 돈 벌 수 있는 건 부동산밖에 없어."

많은 사람과의 대화에서 나온 얘기다. 크게 반박할 생각은 없다. 투자는 정답이 없고 사람마다 다르기 때문이다.

우리나라 사람들은 주식에 대해서 굉장히 안 좋게 인식하는 면이 있다. 대신 부동산은 엄청나게 좋게 생각한다. 특히 연령대가 높을수록 그 현상은 더 두드러진다. 이유는 단 한 가지다. 주식으로는 손해를 본 것이고 부동산, 즉 집으로는 수익을 본 것이다. 하지만 잘못 생각하고 있는 게 있다. 주식은 공부하지 않고 주변 사람들 얘기만 듣거나 직감으로 매수하다 보니 손실이 날 때 버티지 못한 것이다. 물건의 가치를 모르면 그것이 고려청자인지 막걸리병인지 알 도리가 없다.

부동산은 대부분 사람이 현재 거주하는 집을 말한다. (금융자산 10억 이상의 부자들도 부동산 자산의 구성 비중 중 거주용 주택이 45.8%나 되었다.) 하지만 오르긴 올랐는데 팔고 더 좋은 곳으로 갈 수가 없다. 어차피 다른 집도 내 집만큼 올랐기 때문이다. 그럼 이게 수익이 난 건지, 본전인 건지의 판단은 본인에게 맡기겠다. 단순히 가격이 올랐다는 것만으로 내 자산이 늘었다고 생각하면 안 된다. 물가상승률이라는 것이 있기 때문이다.

여기서 물가상승률과 금리에 대해서 간단히 짚고 넘어가자. 금리는 실질금리와 명목금리가 있다. 물가가 상승할 경우 시중의

금리수준은 물가상승을 반영하여 높게 결정되지만, 금리의 실제 가치는 그대로이거나 떨어질 수 있다. 명목금리는 외부로 표현되는 금리이며, 명목금리에서 물가상승률을 뺀 금리가 실질금리다.

**실질금리 = 명목금리 − 물가상승률**

이렇게 우리가 가지고 있는 부동산, 즉 집은 명목상으로는 오른 것처럼 느껴지지만, 실질적으로는 본전이거나 크게 오르지 않은 것일 수 있다. 그냥 심리적으로 부자가 된 것일 뿐이다. 집값은 올랐지만 쓸 돈이 없는 건 똑같다. 결국, 변한 건 하나도 없다.

투자하기 위해선 자기만의 원칙을 만들어야 한다. 워런 버핏의 제1투자원칙은 돈을 잃지 않는 것이고, 제2투자원칙은 제1원칙을 잊지 않는 것이라고 한다. 어찌 보면 당연한 소리지만 돈을 지키기가 너무나 어렵다. 나의 투자원칙은 "욕심을 부리지 말자. 1년에 10%의 수익만으로도 충분히 원하는 삶을 살 수 있다."이다. 과욕은 화를 부른다. 특히 투자에서는 잊지 말아야 한다.

어떤 투자를 하더라도 너무 단기간에 많은 수익을 바라는 것은 단기간에 많은 자산을 잃어버릴 위험에 노출되는 것이다. 원칙이라는 것이 생각보다 지키기가 힘들다. 상황에 따라 마음이 흔들리기 때문이다. 자신만의 원칙을 만들고 그것을 지키는 것만으로도 부자로 가는 길에 한 걸음 다가섰다고 말하고 싶다.

# 원하는 것이 있다면 발품을 팔아라

'공짜라면 양잿물도 마신다.' 돈 안 주고 공으로 생기면 무엇이나 즐겨 먹는다는 말이다. 진짜 마실 수 있는가? 아니, 마시면 죽는다. 부자가 되기 위해선 이런 말부터 바꿔야 한다. '공짜로 주는 건 잘못 먹으면 죽는다.'

세상에서 공짜로 얻어지는 건 내가 알기론 없다. 그래서 내 입엔 "세상에 절대 공짜 없다."는 말이 붙어 있다. 굳이 따진다면 한 가지 있긴 하다. 부모한테 들러붙어 있으면 공짜로 밥도 주고 잠도 재워준다. 내 부모 말고는 절대로 그럴 사람이 없다. 하물며 자식도 부모한테는 공짜로 해주는 게 없으니 말이다.

그런데 부모도 아닌데 내 자산을 불려주는 금융상품에 대한 조언은 공짜로 얻을 수가 있다. 정말 아이러니하다. 내 자산을 불려주는 지식을 공짜로 얻을 수 있다니 이렇게 좋은 일이… 라고 생각하니까 돈이 잘 모이지가 않고 불어나지 않는 것이다.

많은 상담을 하면서 느낀 건 일반인들은 금융지식을 사는 데 절대로 돈을 투자하지 않는다는 것이다. 돈을 주고 사는 걸 더 이상하게 생각하고, 심지어는 상담을 받으면서 선물까지 바란다. 자기의 자산을 불리려고 하는 일에 많이 궁금해하지도 않을뿐더러 앉아서 누군가가 직접 와서 알려주기만을 기다린다. 특히 가장 심각한 건 보험상품이다. 뭐가 뭔지도 모르고 그냥 선물을 주면 가입한다. 참 답답하다. 그러고선 시간이 흐른 뒤에 후회한다.

누구나 한 번쯤은 경험이 있지 않은가? 아마 "난 없어."라고 자신 있게 대답할 사람은 한 명도 없을 것이다. 이렇게 되면 어마어마한 기회비용을 상실하게 된다. 배운 것도 없고 얻은 것도 없기 때문이다.


## 구체적으로 질문하라


말했듯이 세상에 공짜는 없다. 돈이 되는 지식을 얻기 위해선 엄청나게 많이 움직여야 한다. 정말 부자가 되고 싶다면 자기와 잘 맞는 상담사를 찾는 것도 도움이 된다. 대신 많이 만나봐야 한다. 100명도 좋고, 1,000명도 좋다. 발바닥에 땀 나도록 돌아다녀라. 그게 은행이건 증권사건 보험사건 어디든 괜찮다. 아니면 주변에 있는 지인이라도 좋다. 하지만 돈 얘기를 지인과 하기에는 조금 껄끄러운 감이 있다. 그래서 금융사를 활용하는 것이다. 물론 처음 투자를 시작했을 때 얘기다.

"랩어카운트 가입하러 왔는데요."

"제 투자포트폴리오 좀 봐주시겠습니까?"

내가 투자 초보시절에 증권사를 방문해서 했던 말들이다. 하지만 그들도 영업사원들이니 되도록 많은 곳을 찾아다녀라. 펀드에 가입하러 왔다고 하면 창구직원이 상담할 확률이 높다. 하지만 랩어카운트에 가입하러 왔다고 하면 칸막이가 있는 방으로 안내받게 된다. 그리고 상담시간에 구애받지 않고 궁금한 것은 뭐든 물어보고 친절한 답변을 받을 수 있다.

## 강의를 찾아다녀라

스마트폰이라는 손 안의 작은 컴퓨터가 있다. 인터넷을 안 쓰는 사람은 없을 것이고 매번 스포츠나 연예에만 관심을 두지 말고 돈 공부에도 관심을 둬보자. 크게 어려운 게 아니다. 재테크 카페나 블로그 등 찾아서 볼만한 자료들이 엄청나게 많다.

투자강의에 참석하는 것도 참 좋다. 검색해보면 금융사에서 진행하는 무료강의부터 큰 비용을 받고 하는 유료강의까지 다양한 종류를 찾을 수가 있다. 이런 강의에 다니는 돈은 절대로 아까워하면 안 된다. 난 대구에서 서울까지 가는 것을 마다치 않는다. 가끔은 강의 비용보다 교통비가, 강의 시간보다 이동 시간이 더 많이 걸릴 때도 있다. 돈 되는 정보, 지식을 찾으려면 이 정도의 노력은 기본이다. 물론 기대에 떨어지는 강의들도 많았다. 그러므로 더 많이 발품을 팔아야 한다.

투자가 처음이고 앞에서 많은 얘기를 했는데도 불구하고 왜 해야 하는지를 모르겠으면 1년에 한 번 있는 '서울머니쇼'에 참석해보기를 바란다. '돈에 관심 있는 사람이 이렇게나 많았나' 하는 생각이 들며 신선한 충격을 받을 수 있을 것이다. 아이가 초등학생 이상이라면 같이 가는 것도 아이의 시각을 넓혀주는 좋은 기회가 될 것이다.

그리고 블로그를 활용하는 것도 좋은 방법이다. 이웃추가를 해두면 블로거가 글을 올리면 바로바로 볼 수가 있다. 허락을 받고 가입하는 것도 아니라서 편안하게 활용하면 된다. 처음엔 많은 블로그를 보더라도 결국 자기 스타일에 잘 맞는 블로그로 좁혀지게 된다. 난 경제신문을 보는 것보다 블로그를 보는 것을 더 즐긴다. 경제신문은 흐름을 볼 수 있지만, 블로그를 보면 한 분야를 집중적으로 파고들 수 있다. 내 관심분야에 전문가들이 이렇게 많았나 놀라웠고 공부도 많이 됐다. 그리고 블로거랑 친해지면 오프라인에서도 만날 수도 있다. 투자 인맥을 늘리는 방법이다. 맘에 드는 블로거가 있으면 강의를 찾아가서 듣고 개인적인 질문을 하는 것도 좋다. 단 어느 정도 투자에 대한 지식이 있어야만 가능하니 부지런히 공부하자.

'공부' 하면 책을 빠트릴 수가 없는데 적어도 한 달에 한 번은 서점에 가는 것을 잊지 말자. 아니면 도서관이라도 좋다. 물론 아이 손을 잡고 가면 더 좋다. 어릴 때부터 책 읽는 습관을 길러주는 것만큼 좋은 것도 없다. 나는 주로 투자책을 읽는데, 책은 되도록 쌓아놓고 읽는 것이 좋다. 한 권씩 사지 말고 한 달 읽을 것을 한꺼번에 사서 책꽂이가 아니라 책상에 쌓아두면 더 잘 읽게 된다. 책상에 책이 쌓여 있으면 무언의 압박으로 느껴진다. 처음엔 약간 괴로울지 모르지만, 어느 정도 시간이 지나면 습관이 돼서 괜찮다.

자산을 관리하기 위해서는 돈을 들여 전문가를 고용하거나 내가 많이 움직이는 방법밖에 없다. 다시 말하지만 제발 앉아서 거저 얻으려고 하지 마라. 몸이 아플 땐 최고의 의사를 찾으려고 노력한다. 법적으로 문제가 생겼을 때도 최고의 변호사를 찾아다니려고 노력한다. 그런데 왜 내 돈 관리는 앉아서 하려고 하는가.

돈 공부를 할 땐 직접 움직여야 한다. 부딪쳐서 경험을 쌓다 보면 생각보다 얻어지는 게 많다. 대신 자기만의 생각이 있어야 한다. 항상 말하지만, 투자에는 정답이 없다. 사람마다 성격이 다르듯 투자스타일도 모두 다르다. 위험을 감수할 수 있는 범위도 다르다. 그래서 많은 조언을 받고 자기에게 맞는 방법을 걸러내고 자기 것으로 만들면 된다. 그게 바로 돈 공부다. 감나무 밑에 누워서 감 떨어지기를 바라면 안 된다. 한두 푼 아끼려다가 내 자산이 순식간에 사라질 수가 있다. 내 자산이 사라지는 것은, 우리 아이의 기반이 사라지는 것과 같은 의미다.

# 소풍 갈 때 싸는 도시락만큼만 **정성을 들여라**

옛날 부모들은 먹고살기가 바빠서 아이 교육에 크게 신경을 쓰지 못했다. 공부 잘하는 놈은 공부하는 것이고 못하는 놈은 일하는 것이었다. 하지만 요즘 젊은 부모들은 아이들에게 참 많은 시간을 할애한다. 나도 그렇다. 주말엔 무조건 아이들과 함께한다. 많이 놀아주고 여행 다니고 어떻게 해서든 좋은 생각을 만들어주려고 노력한다.

그런데 돈에 대해서도 과연 그럴까? 내가 만난 대부분 부모는 그렇지 못했다. 아이에게 경제관념을 심어줘야 한다는 생각조차 하지 않은 부모들도 있었고, 생각은 하지만 어떻게 하는지 몰라 막연하다고 말하는 부모들도 있었다. 결국은 하지 않는다는 것이다.

요즘 많은 사람이 캠핑하는데 아이들의 정서에 굉장히 좋은 영향을 미친다고 한다. 아이들에게 넓은 세상을 보여주고 정신을 맑게 해주는 것이 좋기 때문이다. 캠핑하는 것처럼 틈틈이 돈 공부를 하자. 평생을 현재처럼 즐기기 위해서 말이다.

아이들이 소풍을 갈 때면 엄마들은 전날부터 장을 보고 새벽부터 일어나 김밥을 싸고 과일을 깎는 등 바쁜 시간을 보낸다. 도시락통을 열어보고는 깜짝 놀랄 때가 한두 번이 아니다. 전공이 미술인 줄 알았다. 내 아내도 그랬었지만, 다른 엄마들도 모두 더 하면 더했지 덜하지는 않은 듯 보였다. 서로 어떻게 하면 예쁜 도시락을 싸서 보낼까 경쟁하는 듯했다. 그리곤 SNS에 사진을 찍어서 올린다. 서로 도시락을 보면서 어떤 게 제일 예쁘다느니 다음엔 꼭 내가 저렇게 싸 봐야지란 얘기도 한다. 하물며 내 친구는 남자인데 삶은 계란으로 토끼를 만드는 것을 보고 깜짝 놀랐다. 눈은 까만 깨로 붙였던데 '어떻게 저렇게 만들 수 있지?' 싶어 혀를 내둘렀다.

"왜 이렇게 도시락을 예쁘게 싸는 거야, 안 힘들어?"

"힘은 들지만 다른 애들한테 기죽을까 봐."

그러고는 일찍 일어나서 도시락 쌌더니 피곤하다며 낮잠을 잔다.

나는 아내에게 아이들 소풍 때 김밥을 싸주지 말라고 했다. 대신 짧은 시간에 하기 쉬운 볶음밥을 싸준다. 그리곤 유치원에 가서 친구들과 같이 나눠 먹으라고 했다.

한번은 딸아이에게 물어본 적이 있다.

"누구 도시락이 제일 예뻤어?"

"응? 몰라."

"그럼 누구 도시락이 제일 맛있었어?"

"내 꺼~."

걱정하지 마라. 아이들은 도시락 때문에 기 안 죽는다.

이렇듯 대부분 부모는 한 끼 먹는 아이 도시락을 싸는 데는 엄청난 시간과 노력을 투자한다. 그런데 투자대비 소득이 거의 없다고 보는 것이 맞을 것이다. 그냥 자기 위안이다.

그러나 돈에 그렇게 시간과 노력을 투자하면 많은 것이 달라진다. 삶은 달걀에 깨로 토끼눈을 붙이듯 세밀하게 자산관리표를 만들어봐라. 골치 아프다는 생각이 들지 모르겠지만, 깨로 토끼눈 붙일 정도면 누구나 다 할 수 있다.

한눈에 돈 관리가 되고 나의 자산변화를 확실하게 느낄 수 있을 것이다. 그럼 내가 무엇을 잘하고 있고 무엇을 못하고 있는지 확실히 정리된다. 돈 관리도 수월해질 뿐만 아니라 미래에 대한 그림까지 한눈에 그려진다. 이렇듯 아이가 소풍 갈 때 싸는 도시락만큼만 시간과 정성을 들이면, 한 끼만 예쁘게 먹는 게 아니라 평생 먹고살 걱정하지 않아도 될 수 있다.

## 나만의 투자 스타일 만들기

자산관리표를 만들었다면 매일 들여다보지 않아도 된다. 매일 들여다보기에는 시간도 많이 소비되고 일희일비하다 오히려 독이 될 수 있다. 한 달에 한 번 아이들이 소풍 간다고 생각하고 자산관리표를 정리하도록 하자. 나는 매월 마지막 날이 자산관리표를 정리하는 날이다. 자산관리표라고 해서 거창한 건 아니다. 나의 모든 자산을 엑셀로 정리해서 한눈에 보기 좋게 관리하는데, 이 표 하나만 있으면 돈 관리에 참 용이하다.

금융사나 휴대폰 앱을 통해서 이용할 수도 있다. 자산관리표를 어떻게 만들지 모르겠으면 그런 프로그램들을 사용해도 된다. 하지만 내가 엑셀로 하는 이유는 나에게 딱 맞게 아주 간단하게 관리하기 위해서다. 난 복잡한 것을 싫어한다. 한 달에 한 번씩 하는 거지만 많은 시간은 필요치 않다. 처음 하면 익숙하지 않아서 많은 시간이 필요할지도 모른다. 하지만 아이 도시락 싸는 만큼의 정성만 들인다면 충분히 할 수 있다. 귀찮다고 생각하지 말고 이것만 하면 돈 걱정 없이 살 수 있다는 기대를 가지고 해보자. 물론 이것만으로 돈 걱정 없이 살 수는 없지만 그만큼 중요하단 뜻이다.

나는 돈은 생명이 있다고 생각한다. 내가 쏟은 정성에 따라서 늘어날 수도 줄어들 수도 있다. 그런 돈 관리를 위한 자산관리표를 만들면 돈이 어디에 어떻게 투자되고 있고, 왜 자산이 불어나는지 혹은 불어나지 않는지를 한눈에 볼 수가 있다. 경제위기가 터졌을 땐 자산관리표를 보는 것만으로도 마음이 우울해질 수 있다. 이럴 때일수록 눈에 불을 켜고 관리를 해야 한다. 위기 속에서 기회가 보이기 때문이다. 투자스타일에 따라서 달라질 수는 있지만, 위기 속에서도 늘어나는 자산이 있을 것이다. 만약 줄어들기만 한다면 포트폴리오를 다시 한 번 점검할 필요가 있다. 위기 속에서 점검해봐야 이미 자산은 줄어든 후겠지만, 나중에 다시 올 위기를 슬기롭게 벗어날 수 있기 때문이다. 그뿐만 아니라 더 많은 자산을 만들 기회일 수도 있다.

내가 하는 투자는 아주 장기적으로 이루어진다. 내가 못하면 아이들이 할 수 있을 만큼의 긴 시간으로 투자한다. 그렇기 때문에 너무 급하게 마음먹을 필요도 없고 많은 시간을 쏟아붓지 않아도 된다. 물론 선택과 집중을 하여 짧은 시간에 할 수도 있지만, 이 책을 읽는 대부분 사람은 나처럼 투자전문가가 아닐 것이고 자신의 본업이 있을 것이다. 본업을 유지하면서도 부를 늘려갈 방법을 고민해서 우리 아이들에게도 하고 싶은 일을 하면서 부를 늘려갈 방법을 알려주면 된다.

# 작고 허름한 집이라도 사라

집은 당신에게 어떤 의미인가? 나는 안식처라고 생각한다. 온종일 힘들게 일한 다음 편히 쉴 수 있는 곳, 우리 가족과 행복을 나눌 수 있는 곳이라고 생각한다. 많은 사람이 꼭 집을 사야 하는지 물어본다. 난 집은 무조건 사는 것이라고 대답한다. 물론 싸게 사면 좋겠지만 그렇지 못할 때도 있다. 집을 사려는 사람은 집값이 내려가기를 바라고, 집을 가지고 있는 사람은 집값이 오르기를 바란다. 내가 집을 사라고 하는 데는 몇 가지 이유가 있다.

먼저 투자하기 위해선 마음의 안정을 찾아야 한다. 내가 생각하는 마음에 안정과 기본이 바로 집이다. 혹시나 투자가 잘못되었을 때, 생각처럼 되지 않았을 때도 편히 쉬고 마음의 안정을 찾을 수 있는 집은 있어야 한다. 투자가 잘못되었는데 내 가족이 갈

곳까지 없다면 얼마나 힘들겠는가. 그리고 아무런 간섭없이 살 수 있는 집이 있어야 투자도 마음 편하게 할 수 있다. 2년 만에 이사할 집을 알아보고 월세 때문에 고민한다는 것만으로도 마음이 불편할 수 있다.

내가 돈 공부를 하고 투자를 꾸준히 할 수 있었던 이유도 부모님이 물려주신 허름한 아파트 덕분이었다. 허름하지만 그런 편안한 집이 없었더라면 지금의 나는 없었을 거라고 생각한다. 그래서 난 돈이 없어서 좋은 집을 살 수 없다면 작고 허름한 집이라도 사라고 얘기한다.


## 전세라도 깨끗한 집에서 살래요

상담하러 신축 빌라에 사는 신혼부부 집을 방문했다. 금융상품에 대해서 상담하려면 먼저 현재 수입과 지출 등을 알아야 한다. 집도 자가인지, 전세인지, 월세인지 등 세부적인 내용을 알게 된다. 이 신혼부부는 신축 빌라에 전세로 살고 있었다. 전세금은 6,000만 원. 나와 나이 때도 비슷하고 상황도 비슷해서 기억에 많이 남는다. 난 작고 허름한 나의 아파트가 6,000만 원이라고, 전세로 있지 말고 작은 아파트라도 사서 들어가는 건 어떻겠느냐는 제안했다. 그때가 2011년 정도였으니 집값이 거의 바닥이었다. (그땐 집값이 바닥이라고 생각하지 못했다. 바닥인 줄 알았다면 주택담보대출을 활용해서 최대한 많은 집을 샀을지도 모른다.) 하지만 아내 분이 바로 거절하였다.

"전세라도 깨끗한 집에서 살고 싶어요."

"제가 사는 아파트도 밖은 허름하고 낡았지만, 안은 깨끗합니다."

세월이 몇 년 흐르고, 난 그 집을 1억 2천만 원에 팔고 30평대로 이사했지만, 그분은 같은 집에서 더 비싼 돈을 주고 계속 전세로 살고 있다. 그리고 가끔 연락할 때마다 "그때 재하 씨 말을 들었어야 했어요."라고 아쉬워한다.

정답은 없다. 나중에 내가 사는 집값이 바닥을 칠지도 모른다. 하지만 난, 내 집의 중요성을 알기 때문에 "집을 사지 말았어야 했어."라는 후회는 하지 않을 것이다.


## 좋은 빚과 나쁜 빚

빚에는 좋은 빚과 나쁜 빚이 있다. 빚이 다 나쁘다는 생각은 버려야 돈을 모으고 불릴 수 있다. 집을 현금 100%를 주고 사는 사람은 거의 없을 것이다. 대부분 주택담보대출을 이용한다. 나 역시 그랬다. 내가 생각하는 좋은 빚은 주택담보대출 같은 인생에 꼭 필요한 것을 사는 데 사용하는 것으로, 그것도 아주 장기적으로 싼 금리로 빌릴 수 있는 것을 말한다. 집을 살 때 말고는 이런 대출을 할 수가 없다. 그리고 또 하나의 장점은 고정지출로 묶어둘 수 있다는 것이다. 고정지출은 말 그대로 매월 고정적으로 나가는 지출이다. 고정적으로 발생하니 예측할 수 있다. 그에 맞춰서 지출을 통제할 수가 있다.

나쁜 빚은 신용으로 하는 빚이다. 이자도 매우 높다. 기간도 단기간이다. 이런 빚에 빠져들기 시작하면 돈을 모으고 불리는 건 아마 포기해야 할 것이다. 일반적인 사람들은 신용대출의 이자보다 많은 수익을 거두기가 힘들기 때문이다. 물론 모두 다 그렇다는 것은 아니다. 내가 대학 생활 때, 그리고 사회초년생 때 경험해봐서 누구보다 잘 안다.

이렇듯 대출을 활용해서 나의 삶의 질이 더 나아진다면 그건 좋은 빚이다. 그 외에는 모두 나쁜 빚이다. 내 주변에도 빚이 있으면 못 사는 사람들이 있다. 주택담보대출 1억5천을 받아서 5년 상환으로 허리띠 바짝 졸라매고 사는 사람도 있다. 물론 이렇게 하는 게 가장 좋기는 하다. 아주 교과서적이기 때문이다. 하지만 내가 돈 공부를 하는 이유는 이렇게 허리띠 바짝 졸라매지 않고도 편안하고 행복하게 살기 위함이다. 무조건 허리띠 졸라매면 돈 공부를 안 해도 돈은 모을 수가 있다. 기본적으로 아끼면서 살아야 하는 것은 맞다. 하지만 돈 공부를 해서 주택담보대출의 이자보다 더 많은 수익을 거둬들일 수 있다면 더 좋지 않겠는가.

　　아마 집을 사야 하나 말아야 하나의 고민은 죽을 때까지 계속될 것이다. 아직도 상담하면 지금 집을 사야 하는지 많이 문의한다. 난 부동산 전문가가 아니라서 집값에 대해선 어떻게 말을 할 수가 없다. 나도 궁금할 땐 내가 아는 공인중개사 몇 분께 전화를 돌리고 자문을 구한다. 부동산뿐 아니라 모든 투자에는 정답이 없다. 어떻게 투자하던 마음이 편안한 게 최고다.

　　난 하나의 집은 투자 대상이 아니라고 생각한다. 어차피 내 집값이 오르면 다른 집 가격도 오른다. 내 집값이 내려가면 다른 집 가격도 내려간다. 아주 단순하다. 어렸을 때부터 부모님께 귀가 닳도록 들어와서인지 난 하나의 집은 무조건 고집한다. 세월이 더 흐르면 어떻게 변하게 될진 모르겠지만, 나의 아이들에게도 집은 고민하지 말고 하나 사라고 얘기할 것이다. 집은 집값이 오르고 떨어지는 것이 중요한 게 아니라 마음의 안정을 찾아주는 곳이라는 게 가장 중요하다고 생각한다. 마치 내가 자랄 때 내 뒤에 부모가 버티고 있듯이 말이다. 집은 내게 그런 존재이다.

# 수수료만 아껴도 성공적인 투자다

투자할 때 중요하게 생각해야 하는 부분이 있다. 수익률은 말할 것도 없다. 그에 못지않게 중요한 것은 수수료이다. 대부분 사람은 수수료에 대해선 크게 생각지 않는다. 모든 투자에는 수수료가 발생한다. 소득이 있는데 세금을 안 낼 수 없는 것과 똑같다. 부자들은 수익률을 올리는 것보다 세금을 줄이려고 노력한다. 세금도 줄이면 이득인 것처럼 수수료도 줄이는 게 이득이다. 그래서 나는 투자 시 가장 중요하다고 생각하는 것이 수수료이고, 이 수수료를 줄이기 위해서 노력한다.

수익률은 두 번째이다. 수익률은 상황에 따라 달라질 수 있지만, 수수료는 정해져 있다. 수익이 많이 날 땐 수수료가 상관없을 수도 있다. 수익을 많이 내주는데 그깟 1~2%가 뭐가 중요하단 말인가. 크게 눈에 띄지도 않는다. 그러나 수익이 적을 때와 장기적으로 봤을 땐 애기가 달라진다. 간단한 예를 들겠다.

**A펀드 수수료 2.5%**
**B펀드 수수료 0.5%**
**1년 동안 똑같이 수익이 2% 발생했다. 그럼 나의 수익률은?**

A펀드 수익률 -0.5%, B펀드는 수익률이 1.5%이다.

적지만 수익을 냈는데도 불구하고 A펀드는 마이너스를 기록했다. 돈 벌어서 금융회사 좋은 일만 시킨 꼴이 되는 것이다.

그리고 장기적으로 투자할 경우 수수료는 더 어마어마한 차이를 보인다. 1억을 연 10%의 수익률로 운용했다고 가정하면, 30년 후에는 약 17억이라는 어마어마한 돈이 된다. 하지만 수수료 2%가 많아지면 30년 후엔 약 10억밖에 되질 않는다. 별거 아닌 거 같은 2%의 수수료 차이가 미래로 갈수록 나의 자산을 아주 크게 갉아먹게 되는 것이다.


## 높은 수수료의 대표상품, 변액유니버셜보험

수수료가 높은 상품은 보험회사에서 판매하는 변액유니버셜보험이 대표적이다. 간단히 설명하면 펀드에 투자하는 상품을 보험회사에서 판매하는 것이다. 보험회사에서 직접적으로 자금을 운용하지는 않고 다른 펀드들과 똑같이 자산운용사에서 맡아서 운용한다. 기본적으로 보험이므로 사망보험금이 일부 포함되어 있다.

하지만 투자로 보기엔 수수료가 너무 많이 들어간다. 보통 월 10% 이상의 수수료가 발생하므로 매우 높다고 볼 수 있다. 판매하는 일각에선 사망보험금이 있고, 펀드를 잘 변경해주고, 일정 기간이 지나면 수수료가 줄어들어 증권사의 펀드보다 좋다고 얘기하지만 내 생각은 다르다.

대부분 설계사는 펀드 변경을 안 해주고 아니 못 해주고, 증권사에서 운용되는 펀드랑 똑같은 펀드가 들어와 있다면 수수료가 낮은 게 높은 수익을 낼 수밖에 없기 때문이다. 그리고 펀드 변경을 적시적소에 할 수 있으면 그냥 펀드나 주식을 하는 게 더 낫지 않을까 생각한다.

이것보다 더 심각한 문제가 있다. 변액유니버셜보험을 선택하는 대부분 사람은 이 상품을 보험이 아니라 투자상품으로 알고 있다는 것이다. 수수료, 수익률보다 사실 이게 더 큰 문제다. 수수료도 많이 빠지지만, 투자상품이어서 원금 손실의 우려도 있다. 정리하자면 변액유니버셜보험은 단순한 투자상품이 아니라 뼈대는 보험이고, 거기에 투자가 추가된 것으로 보는 게 좋을 것이다. 투자만 하려는 사람은 피해야 하는 상품 중 하나다.

수수료의 중요성을 너무 잘 설명해준 책이 있다. 바로 존 보글의 〈모든 주식을 소유하라〉이다. 거기에 나오는 고트락스 가문의 우화를 소개하겠다. 사실 이 책은 인덱스펀드에 관한 책이다. 하지만 이 우화는 수수료를 굉장히 쉽게 잘 설명했다. 이것만 잘 기억하고 있더라도 평균은 할 것이다.

고트락스라는 부자 가문이 여러 대에 걸쳐 번창하여 형제, 자매, 삼촌, 사촌이 수천 명이나 되었고, 미국의 모든 주식을 100퍼센트 소유하게 되었다. 해마다 이들은 투자로부터 보상을 거둬들였으니, 수천 개 기업이 일궈내고 나누어준 모든 이익성장과 배당금이었다. 가문의 모든 사람이 똑같은 속도로 점점 더 부자가 되었고, 모두가 화목하게 지냈다. (중략)

얼마후 사기꾼 브로커 몇 사람이 나타나서 몇몇 '약삭빠른' 고트락스 사촌들에게 다른 친척보다 돈을 더 많이 버는 방법이 있다고 속삭였다. 브로커들은 사촌들을 설득해서 친척에게 보유 주식 일부를 팔고 대신 다른 친척으로부터 다른 주식 일부를 사들이게 했다. 브로커들은 중개인이 되어 거래를 맡고, 이 서비스의 대가로 수수료를 받았다. (중략)

그런데 이상하게도 가문의 재산이 늘어나는 속도가 떨어지기 시작했다. 왜 그럴까? 수익 가운데 일부를 이제 브로커들이 차지했기 때문이다. (중략)

종목 선정에 실패했다고 여긴 사촌들은 주식을 더 잘 고르기 위해 전문가의 도움을 받아야겠다고 결심하고는 종목 선정 전문가들(더 많은 브로커)

을 고용했다. 이 펀드매니저들은 서비스에 대해 보수를 받았다. 그러나 1년 뒤 가문에서 재산을 평가해보니 파이 몫은 더욱 줄어들었다. (중략) 약삭빠른 사촌들이 말했다.

"우리가 종목 선정에 실패한 것은 종목을 선정하는 매니저 선발에 실패했기 때문이야."

두 번이나 실패했는데도 단념하지 않고, 이들은 또 다른 브로커를 고용하기로 했다. (중략)

물론 컨설턴트들은 유능한 펀드매니저를 고를 수 있다고 자신 있게 말했다. 새 컨설턴트들의 말에 사촌들은 안심했다.

"서비스 수수료만 내시면 모든 일이 다 잘될 것입니다."

슬프게도 가문의 파이 몫은 또다시 줄어든다.

마침내 위기감을 느낀 가문 사람들이 모여 앉아 일부 친척이 남보다 앞서려고 하면서부터 일어난 사건들을 조사하게 되었다. (중략)

가문에서 가장 현명한 늙은 삼촌이 조용히 대답했다.

"브로커들에게 지불한 돈과 쓸데없이 납부한 세금이 모두 우리 가문의 배당금과 수익에서 빠져나갔기 때문이지. 지금 즉시 처음 상태로 되돌아가세. 중개인들은 모두 해고하세. 펀드매니저들도 모두 해고하세. 컨설턴트들도 모두 해고하세. 그러면 우리 가문은 해마다 미국 기업들이 구워내는 파이가 아무리 크더라도 다시 100퍼센트를 차지하게 될 걸세." (중략)

그리고 고트락스 가문은 이후로 영원히 행복하게 살았다.

수수료의 중요성은 입이 아프게 말해도 과하지 않다. 아낄 수 있다면 아껴야 한다. 돈을 모을 때 아껴서 저축하듯이, 투자할 땐 수수료를 아껴야 한다. 수수료를 아낄 수 있는 가장 좋은 방법은 직접투자이다. 중간에 누군가가 끼어 있는 간접투자는 높은 수수료가 발생할 수밖에 없는 구조이다. 하지만 초보에겐 직접투자가 간접투자보다 더 위험할 수 있다. 그래서 긴 시간을 가지고 시작은 간접투자로 하더라도 결국 직접투자를 할 수 있게 공부해야 한다.

복리를 세계8대 불가사의라고 얘기했지만, 수수료도 복리로 늘어난다. 즉 수수료는 시간이 갈수록 내 자산을 복리로 갉아 먹는다는 말이다. 별것 아닌 것 같은 수수료지만 시간이 지날수록 눈덩이처럼 불어난다는 걸 잊지 마라.

**변액유니버셜보험**

펀드 운용 수익률에 따라 보험금이 변동되는 변액보험과 보험료 납입 및 적립금 인출이 자유로운 유니버셜보험의 장점을 결합한 보험상품. 각종 위험에 대비한 보장보험료와 투자에 대한 투자보험료를 함께 부담해야 하므로 일반적인 보장보험보다는 보험료가 더 비싸다. 투자에 대한 위험은 보험사가 아닌 고객이 부담하기 때문에 원금보전은 되지 않는다. 보험가입자가 보험료의 환급금으로 적립되는 부분을 주식, 증권, 채권 등 금융시장의 어느 부분에 투자할 것인지를 결정한다.

〈한경 경제용어사전〉에서 발췌

# CHAPTER 4

# 내가 못해도
# 자녀는 할 수 있다

# 우리 자녀의 미래가 밝은 이유

나는 나의 아이들이 나보다 더 풍요롭고 행복하게 살기를 바란다. 아마 나뿐만 아니라 이 세상의 모든 부모의 소망일 것이다. 그러기 위해서는 기본적으로 나의 노후가 보장되어야 한다. 내 노후조차 보장이 안 된다면 우리 아이들에게 짐이 될 것이고, 아이들은 그 짐 때문에 원하는 인생을 살지 못할 수도 있다.

요즘엔 인식이 많이 바뀌어서 자녀가 부모를 부양해야 한다는 생각이 많이 퇴색되긴 했다. 열 명 중 여섯 명만 부모를 부양해야 한다고 답했다는 조사결과도 있었는데 아마 이것도 조사라서 그렇지 진짜 속마음은 열 명 중 넷 정도 되지 않을까 생각한다.

사회가 노년층을 부양해야 한다는 인식이 확산되고 정부 복지도 그런 쪽으로 맞춰가고 있다. 노년층에 복지가 집중될 수밖에 없다면 그 짐은 부메랑이 되어서 우리 아이들에게 돌아갈 수밖에 없다. 아무리 발버둥쳐도 세금에서 자유로울 수 없게 되며, 노동력만으로는 절대 행복하게 살 수가 없다는 결론이 나온다. 많은 돈이 있다면 물려주고 편안하게 살게 해주는 것도 좋지만, 그보다 더 좋은 것은 돈 공부를 통해 그 지식을 넘겨주는 것이 나와 아이들이 풍요롭고 행복하게 살 방법일 것이다.

## 부모가 어렵다고 자녀까지 어렵지는 않다

돈 공부를 하며 많은 강의를 찾아다니다가 옆자리에 앉게 되어 알게 된 사람이 있다. 나와 나이도 같았다. 그래서 친구 하기로 했다. 그 친구의 주업은 일반 사무직이다. 부업으로 개농장을 하고 있다. 개가 정말 좋아서 하는 것이라고 했다. 어렸을 때 너무 외로워서 개와 함께했는데 그때부터 개가 가족이 되었고 사업까지 하게 된 것이다.

그의 아내는 공인중개사이다. 원래 다니던 직장을 그만두고 공인중개사가 되었다고 한다. 그 선택 또한 부동산 투자를 위한 것이었다. 이 친구도 틈틈이 부동산을 공부했고 천부적인 재능인지는 몰라도 땅을 보는 눈이 생겼다. 좋은 땅이 있으면 직접 투자한다거나 공인중개사인 아내를 통해서 거래를 제안한다.

지금은 부부의 벌이가 1년에 2억 원을 넘어선다고 하니 누가 봐도 성공한 인생이다. 단순히 돈이 아니라 정말 하고 싶은 일을 하고, 관심 있는 분야에 투자해서 성공한 경우이다. 하지만 이 친구도 어렸을 때는 정말 어려웠다. 부모님이 노점을 하면서 하루하루 끼니를 걱정해야 했다. 그렇게 살기 싫어서 악착같이 취업하고 돈 공부를 했다. 그리고 지금은 사업과 투자에만 전념하려고 직장을 그만둘까 생각 중이다. 최근에도 개농장을 확장하고 땅을 사들이는 등 많은 투자를 하고 있다. 땅을 1만 평 가지겠다는 꿈도 있다.

## 부를 관리하는 능력

많은 자산을 물려받든 자산을 만들든, 관리능력이 없으면 미래는 안갯속을 다니는 것과 같다. 아무리 돈이 많더라도 그 돈이 언제 다 없어질지 예측할 수 없기 때문에 무조건 아끼면서 살 수밖에 없다. 지금 일본 사람들이 그렇게 살고 있다. 은행에 이자가 없다고 심지어 집 금고에 돈을 보관하기까지 한다. 그래서 일본은 잃어버린 20년이라는 부메랑을 맞게 되었다.

풍요로운 삶, 즉 돈에서 자유로운 삶을 살기 위해선 돈을 관리하고 유지하는 능력이, 모으고 불리는 능력 못지않게 중요하다. 돈을 관리하는 능력은 단순히 돈만 많다고 생기는 것도 아니고 하루아침에 이룰 수 있는 것도 아니다.

꽤 크게 장사하면서 많은 돈을 벌었던 부모가 건강이 안 좋아져서 장사를 그만두고 자산을 4명의 자녀에게 증여했다. 이 중 한 명이 나와 잘 알던 사이였는데, 그분은 돈에 대해서는 많이 알지 못했다. 자라오면서 많은 용돈을 받아 원하는 대로 썼고, 결혼한 후에도 부모의 도움으로 남부럽지 않게 살았다.

욕심만 많았던 그분은 그렇게 받은 수억의 증여금으로 선물옵션을 시작했다. 나도 선물옵션에 대해선 잘 알진 못한다. 선물옵션은 지수의 방향성에 투자하는 것으로 일반인들에겐 일명 '투기상품'으로 전해진다. 그리고 몇 년 지나지 않아 모든 증여자금을 날려버렸다. 그리고 얼마 전에는 나에게 연락이 와서 괜찮은 부동산 투자처가 있다고 투자를 권유하는 것이었다. 두 시간이 넘는 설명을 들었지만, 무엇이 좋은지 전혀 이해가 되지 않아서 나는 투자하지 않겠다고 했다. 그러자 왜 이렇게 좋은 곳에 투자하지 않느냐고 역정을 내는 것이었다. 최근에 주변인들에게 들리는 소식으로는 그분은 지금 아르바이트하면서 생활하고 있다고 한다. 그렇게 좋은 투자처였으면 왜 지금 아르바이트를 하고 있을까?

이렇듯 돈이 있어도 효율적으로 관리하지 못하면 돈은 금방 사라져버릴 수밖에 없다.

## 대기업보다 투자가 낫다

우리 세대보다 다음 세대의 미래가 더 절망적이라고 얘기한다. 일자리는 줄어들고 월급도 많지 않을 거라고 한다. 그래서 사람들은 더 열심히 공부하고, 어떻게 해서든 정년이 보장되는 직장을 구하려고 한다. 부모에게서 그렇게 배우며 컸기 때문이다.

내 주변에는 대기업에 다니는 사람이 많다. 그들은 하나같이 바쁘다. 퇴근시간이 9시, 10시 대중없다. 뉴스에선 하루 8시간 칼출근, 칼퇴근이라고 했는데 현실은 아니었다. 그 때문인지 월급은 상당히 많이 받는다. 문제는 너무 바쁘고 피곤해서 많은 월급을 활용할 줄 모른다는 것이다. 대부분 아내가 돈 관리를 하는데, 벌이가 괜찮은 만큼 당장 아쉬움이 없어 미래를 보지 않았다.

아무리 좋은 직장이라도 미래를 보장해줄 수는 없다. 아무리 열심히 일해도 회사가 힘들어지면 구조조정 대상이 되기 십상이다. 조선 3사의 구조조정만 봐도 알 수 있다. 자신의 능력이 아닌 다른 사람의 능력으로 유지되는 안정은 언제 사라질지 모른다. 회사에 다닐 때 안정적으로 돈 공부를 해보자. 회사는 아무리 잘되더라도 월급을 2배, 3배 올려주지 않지만, 투자는 잘하면 자산을 2배, 3배 늘릴 수 있다.

지금 나와 같은 30~40대들은 아마 부모 세대보다 더 나은 삶을 살고 있을 것이다. 일단 급여수준이 옛날과는 다르게 매우 높다. 누릴 수 있는 여건도 많이 좋아졌다. 그런데 더 편하고 즐겁게 살기 위해선 더 많은 돈을 필요로 한다.

옛날엔 식사하고 커피를 마시더라도 캔커피나 믹스커피 정도였다. 하지만 이제는 밥값보다 커피 값이 더 비싼 시대에 살고 있다. 문화생활비며 통신비며 옛날에는 없던 비용들이 생겨났다. 이런 것을 누리지 않고 부모세대처럼 산다면, 우리가 받는 급여는 정말 큰 금액일지 모른다. 그런데 벌이가 늘어난 만큼 씀씀이도 늘었다. 분명 사회는 풍요로워졌고, 그 풍요를 다 누리기에는 돈이 부족할 수밖에 없다. 이런 풍요를 누리기 위해서 투자는 선택이 아닌 필수다.

부모가 기반을 닦고 아이가 인생의 출발점에서 다른 경쟁자들에게 뒤처지지 않게끔 해주는 것만으로도 우리 아이들은 더욱 풍요로운 삶을 살 수 있다. 거기에 돈에 대한 경험, 지식까지 더해준다면 얼마나 좋을까?

# 미래를 예측하지 말고 대비하자

지금은 고인이 된 앨빈 토플러는 제3의 물결로 정보화 사회를 예측했다. 미국의 서브프라임 사태를 예측한 금융전문가들도 있었다. 그들은 엄청난 돈을 벌어들였다. 이렇듯 예측이 맞았다면 굉장히 큰돈을 벌어들일 수 있다. 많은 전문가가 위기든 기회든 미래를 예측하려고 많은 노력을 한다.

그런데 모든 전문가의 예측이 맞을까? 당연히 아니다. 맞을 때도 안 맞을 때도 있다. 하지만 그들은 자신이 할 수 있는 공부를 하고 그것을 토대로 예측한다. 전문가가 아닌 우리는 그런 불확실성에 미래를 맡길 수는 없다. 다만 대비를 통해 시장이 안 좋을 때도 나의 자산을 지킬 수 있도록 공부해야 한다.

나를 포함한 대부분 사람은 경제를 예측하지 못한다. 전문가들의 의견을 듣고 생각을 정리하고 선택하면 된다. 이때 자신만의 생각과 관점이 굉장히 중요하다.


## 죽기 아니면 살기

러시안룰렛이라고 들어봤는가? 회전식 연발권총에 하나의 총알만 장전하고, 머리에 총을 겨누어 방아쇠를 당기는 목숨을 건 게임이다.

대개 6연발 리볼버에 총알 한 발만 장전하고 총알의 위치를 알 수 없도록 탄창을 돌린 뒤 상대와 돌아가면서 관자놀이에 대고 방아쇠를 당긴다. 사실 게임이라기보다는 목숨을 건 일생일대의 도박이라 하겠다. 이 게임으로 사람이 죽을 확률은 6분의 1, 약 17% 정도다.(두산백과 참조)

만약 한 게임을 하면서 살아남을 때마다 1천만 원씩 주어진다면 어떻겠는가? 많은 사람이 죽겠지만, 그중에 끝까지 살아남는 사람은 분명히 존재한다. 그리고 그렇게 살아남은 사람은 많은 돈을 벌 수 있다. 그런데 이 게임에서 마지막까지 살아남는다면 실력이 좋은 것일까, 운이 좋은 것일까?

아마 주식을 하는 사람들은 한 번쯤은 들어본 얘기일 것이다. 주식뿐만 아니라 어떤 투자하던 똑같다. 공부와 조사도 하지 않고 그냥 운에 맡기는 건 러시안룰렛을 하는 것과 별반 다르지 않다. 일정 기간은 운으로 버틸 수 있을지 모르지만 언젠가는 모든 게 한 번에 사라져버린다.

러시안룰렛을 하면서 끝까지 살아남아 많은 돈을 벌겠다고 생각해선 안 된다.

학교교육, 학원교육에 올인하면서 아이가 잘되었을 때만 생각할 게 아니라 원하는 적성을 찾지를 못하고 뜻하지 않게 됐을 때 어떻게 할 것인가를 생각해야 한다. 그것이 예측과 대비의 차이이다. 당신이 아이에게 모든 것을 투자했다면 당신의 미래는 어떨 거라 생각하는가? 진지하게 생각해보라.


## 무엇을 대비해야 하나


한국경제신문과 현대경제연구원의 경제행복지수조사에서 '경제적 행복의 가장 큰 장애물은 무엇인가'라는 조사결과가 있었다. 1위가 노후문제, 2위가 자녀양육교육이었다. 비율이 무려 34.1%, 19.3%로 두 가지 문제만으로 50% 이상을 차지했다. 인생에서 떼려야 뗄 수 없는 이벤트임에는 분명하다. '소비위축원인' 조사에서는 소득감소, 자녀교육비 부담, 노후준비 부족 순으로 꼽혔다.

조사결과를 봤을 때 이미 많은 사람이 예측하고 있다. 갈수록 잘살기보다는 힘들게 살 확률이 높아졌다는 것을. 그러니 대비를 해야 한다. 노후문제와 자녀양육교육에 초점을 맞추고 준비하면 된다.

가장 쉬운 방법은 자녀 교육비를 나의 노후준비로 일정 부분 가져오는 것이다. 자녀의 미래가 잘못될 것이 두려워 못하겠다면 짧은 기간 안에 높은 투자수익률을 올리는 방법이 있다. 하지만 이 방법은 성공한 사람보다 실패한 사람이 훨씬 많다는 것만 기억하라.

## 나의 자산운용법

난 작년까지는 모든 자산을 주식과 부동산으로 운용했다. 주식과 부동산은 투자성향에서 같은 성질을 가지고 있다. 주식이 오르면 부동산도 오른다. 주식이 떨어지면 부동산도 떨어진다. 투자되는 곳만 다를 뿐이지 상관관계가 양(+)의 관계인 것이다. 결국, 나의 자산은 경기가 좋으면 늘어나지만, 좋지 않으면 줄어들 수밖에 없는 구조였다. 특히 위기가 터지면 급격히 줄어들 수밖에 없다.

그래서 나는 얼마 전부터 투자 방법을 조금 바꿨다. 일단 투자금의 규모가 커졌기 때문에 이제는 지키는 것도 중요해졌다. 특히 위기를 어떻게 슬기롭게 지나가느냐에 따라 위기 후에 나의 자산은 크게 차이가 날 것으로 생각하고 그에 대한 대비를 시작했다.

물론 아직도 대부분 자산은 주식과 부동산이다. (깔고 앉은 부동산은 자산이 아니라고 앞에서 말했다.)

우리나라 주식과 부동산과의 상관관계가 음(-)인 것을 찾아보니 미국 달러였다. 투자금들은 모두 원래대로 두고, 매월 적립하는 돈으로는 달러를 사고 있다. 달러를 사는 목적은 단 하나이다. 나의 자산에 대한 리스크 헤지 목적이다. 과거 달러의 움직임을 봤을 때 달러로 두 배, 세 배 큰 수익을 낼 수는 없다. 하지만 달러는 한국 주식과 부동산과의 상관관계를 보면 음(-)의 관계를 나타낸다. 즉, 한국 주식과 부동산이 오르면 달러는 상대적으로 약해지고, 한국 주식과 부동산이 떨어지면 달러는 강해진다. 환율은 매우 어렵다. 너무 깊은 부분까지는 아니더라도 한국에 미치는 영향 정도만 알고 있어도 좋을 듯하다.

미래를 예측하고 대비하려면 현재 내가, 나의 자신이 어느 위치에 있는지를 정확하게 파악하는 게 가장 중요하다. 내가 처한 상황도 모른다면 미래를 예측하지 못할뿐더러 대비하기 힘들다. 난 항상 예측보다 대비하라고 말한다. 잘될 때는 괜찮지만, 잘못됐을 때 거기에 대한 대비책은 반드시 있어야 한다. 그리고 자산이 커질수록 더 크게 늘리려고 노력하는 것도 좋지만, 지키면서 조금씩 키워가는 것도 하나의 방법이다.

# 가족의 자산을 공유하라

가족이 함께 행복하게 살기 위해서는 가족 안에서 일어나는 모든 일을 공유하는 것은 기본이다. 남편이나 아내는 이해하지 못할 거란 생각으로 하지 않는다거나, 아이가 어리다고 해서 배제한다면 문제가 발생했을 때 같이 해결할 수 없다. 또한 아이도 어렸을 때부터 돈을 관리하는 습관이 잡혀야 성인이 되었을 때 어려움 없이 독립할 수 있다.

아이가 학교에서 어떻게 생활하는지, 부모들은 어떤 일을 해서 어떻게 돈을 버는지 등 사소한 것부터 깊은 것까지 공유하면 좋다. 특히 돈에 관해선 더 그렇다. 대부분 가족은 돈에 대해서는 공유하지 않는다. 심각한 가족은 부부간에도 서로 돈을 공유하지 않는다. 월급도 각자 관리하고 생활비도 더치페이로 낸다. 그런데 이렇게 해서는 돈을 불리기가 힘들다. 부부간에도 공유하지 않는데 아이에게까지 공유한다는 건 있을 수가 없는 일로 생각할 것이다. 아이들이 어느 정도 돈에 대해서 이해할 정도가 되면 아이들과도 공유해야 한다. 돈을 주라는 것이 아니고 가정이 어떻게 돌아가는지 용돈을 공유하라는 것이다. 가정에서 쓰이는 돈의 흐름을 알게 된다면 쓸데없이 과하게 용돈을 요구한다든지 필요 이상의 물건을 산다든지 하는 문제는 일정 부분 사라질 것이다.


## 온라인 활용하기


나 같은 경상도 사람들은 무뚝뚝하기 그지없다. 많이 좋아졌다고는 하지만 뭔가를 표현하기가 굉장히 서툴다. 우스갯소리로 경상도 남편은 퇴근 후 딱 세 마디만 한다고 한다.

"아는? 밥도. 자자."

말로 하기 힘들다면 톡 같은 온라인을 활용하는 것도 하나의 방법이다. 예를 들면 가족 톡방을 만들어서 어떠한 일이 있다면 안건에 붙이는 것도 좋다. 난 아직 아이들이 어려서 톡을 활용할 일은 없다. 하지만 가족과 관련된 모든 일은 에버노트에 '우리 집'이라는 공유방을 만들어서 활용하고 있다. 유치원 가정통신문, 어린이집 한 달 일정, 관리비, 세금납부 등 아주 간단한 것도 아내와 공유하려고 노력하고 있다.

가장 중요한 것 중 하나가 자산관리표이다. 이것은 한 달에 한 번 정리하되, 공유를 위해서 연말에 아내에게 리뷰하고 함께 토론한다. 한 해 동안 얼마를 벌었고 얼마를 썼으며, 자산이 어떻게 운용이 되었고 어떤 변화가 있었는지, 그리고 앞으로의 투자 방향은 어떻게 잡을지에 관해서 얘기를 나눈다. 연말뿐만 아니라 증여, 상속 등과 같은 중요한 이벤트가 발생한다면 같이 공유하고 토론한다.

그러다 보니 내가 미처 생각하지 못했던 것을 아내가 알려줄 때도 있다. 난 이런 방식을 우리 아이들이 컸을 때도 똑같이 할 것이다. 그러면 아이들이 가족을 더 이해할 것이고, 돈에 대한 개념을 확실히 잡을 수 있을 것이기 때문이다.

1년에 한 번 하는 것이지만 생각보다 효과가 크다. 부부간에 믿음이 생기고 아이들에게 어떤 방법으로 교육과 투자를 할 것인지까지 상세하게 얘기를 나누게 된다. 그러면서 부부의 행복한 미래도 함께 그려볼 수 있다.


## 회사와 함께 자라는 아이


나는 앞서 딸 연우가 용돈을 받아오면 회사를 사준다고 했다.

연우는 지금도 누군가 용돈을 주면 과자를 사 먹거나 장난감을 사지 않는다. 한 번은 할아버지가 1만 원짜리를 한 장 주었다.

"아빠한테 회사 사달라고 할 거야."

"회사 산다는 게 뭐고?"라고 할머니가 눈을 동그랗게 뜨고 물었다.

난 이럴 때마다 기특해서 그 돈으로는 주식을 사주고 보너스로 마트에 데리고 가서 그에 따른 보상을 해준다.

한 번은 손을 잡고 마트로 가면서 "아빠, 근데 내 회사 많이 컸어?"라고 물었다.

"응, 휴대폰 회사랑 기름 회사가 두 배로 컸어."

"우와! 그럼 난 휴대폰 하나 사고, 아빠 엄마는 차에 기름 넣으면 되겠네."

그 말에 나는 감동했다. 장난감을 사겠다라고 하는 것이 아니라 그 회사와 관련된 물건을 사겠다고 하는 것이었다. 깊이 생각하고 말한 건 아니겠지만, 6살 아이 입에서 나오는 얘기라고는 믿어지지 않았다. 아무리 어리더라도 아이에게 자기 것이 무엇인지, 그것이 어떻게 되는지를 알려주면 알아들을 수 있다. 그리고 아이들의 기억력은 어른을 능가한다. 이것이 생각이 되고 습관이 되는 것이다.

# 공유의 힘

포털사이트에서의 검색, 카카오스토리, 페이스북, 트위터 등에 내가 좋아하고, 관심 있는 것들을 올리는 것, 즉 내가 가진 것을 나 아닌 사람과 나눈다면 이것이 공유다. 내가 모르던 것을 새롭게 알게 되고, 나의 삶에 적용하면서 삶이 더욱 좋아진다. 공유는 생각보다 많은 이점이 있다. 하지만 대부분 사람은 좀처럼 돈에 대해서는 공유하지 않는다.

이미 많은 기업은 서로의 특허를 공유하고 있다. 특허분쟁으로부터 불필요한 소모를 줄이고, 세계시장의 주도권을 잡기 위한 '윈윈전략'을 쓰고 있다. 이렇듯 경제 흐름에 가장 빠르게 대응하는 기업들은 서로 공유하고 있다. 공유의 힘을 잘 알고 있기 때문이다. 이익을 추구하는 기업들도 공유하는데, 혈연으로 만들어진 가족이 공유하지 않는다는 건 말도 안 된다. 공유는 분명 가족에게 많은 변화를 가져다주고 좋은 결과를 가져다줄 것이다.

무언가를 공유하라고 하면 다들 어렵게 생각한다. 공유는 사소한 것부터 시작된다. 앞서 예를 든 것처럼 시작해보라. 그러면 가족 간의 이해도가 한층 높아질 것이다. 처음엔 당연히 어렵다. 그러나 시간이 지나면 좋아질 수밖에 없다. 빨리 시작해라.

# **사업가적**인<br>**마인드**를<br>가지자

사업한다는 것과 투자를 한다는 것. 난 이 둘의 의미가 같다고 생각한다. 굳이 차이를 두자면 돈이 많으면 사업을 하고 돈이 적으면 투자를 한다는 정도이다. 사업과 투자에 대해서 사전적인 의미를 찾아봤다.

**사업** 어떤 일을 일정한 목적과 계획을 가지고 짜임새 있게 지속적으로 경영함.

**투자** 이익을 얻기 위하여 어떤 일이나 사업에 자본을 대거나 시간이나 정성을 쏟는 것.

이 책을 쓰면서 다시 한 번 사업과 투자에 대해서 생각해보는 좋은 시간을 가졌다.

사업이나 투자는 같은 맥락으로 보는 게 맞다. 사업은 경영하는 것이고, 투자는 그 사업에 자본이나 시간을 대는 것이다. 둘은 떼려야 뗄 수가 없는 관계이다. 고로 투자를 한다는 것은 사업한다는 것이다. 하지만 대부분 사람은 투자와 사업을 별개로 본다.

한가지 예를 들어보자. 뭔가 좋은 아이템이 있다. 대박이 날 것 같은 생각이 든다. 친구와 둘이서 동업하기로 했는데 내가 아직 경영 경험이 없다. 하지만 친구는 경험도 있고 수완도 좋다. 그래서 경영을 친구에게 맡겼다. 이것은 사업인가, 투자인가?

그럼 똑같은 상황에서 불행인지 다행인지 친구가 돈이 조금 부족하다고 나에게 조금 보태라고 한다. 이것은 사업인가, 투자인가?

엄밀히 따지자면 앞의 예는 사업이고, 뒤의 예는 투자이다. 하지만 둘 다 사업이자 투자이다. 사업과 투자를 따로 떼서는 얘기할 수가 없다.

대기업 주식을 산다는 건 투자이다. 하지만 그 주식을 고르고 보유할 때는 사업을 한다고 생각하고 그 회사를 공부해야 하며, 함께해야 한다. 소신껏 선택했다면 회사가 변하지 않는 이상 마음도 변하면 안 된다.

회사의 가치와 신념이 하루아침에 변하는 일은 절대 없다. 오늘은 휴대폰 만들다가 내일은 자동차를 만드는 일은 있을 수가 없다. 단지 변하는 건 우리의 마음이다.

## 초코파이는 변하지 않았다

내가 주식을 시작하고 가장 기억에 남는 회사가 있다. 바로 초코파이로 유명한 '오리온'이다. 결론부터 말하자면 난 이 주식을 샀다가 손실을 봤다.

2005년 내가 처음 샀을 때 주가가 185.000원이었는데 지금은 935.000원이다. 2015년 5월에는 1,385.000원까지 가기도 했다. 10년밖에 지나지 않았는데 내 돈의 5배, 많게는 7배까지 수익을 낸 것이다.

이 주식을 산 이유는 간단하다. 우리나라에서 오리온 초코파이라고 하면 모르는 사람이 없었고 1등 회사였기에 믿음이 갔다. 그리고 우리나라 시장의 몇 배나 되는 중국 시장에서 안정적으로 세를 확장하고 있었다. 하지만 나는 시간이 갈수록 처음에 생각했던 회사의 가치는 눈에 들어오지 않았다. 하루하루 많은 수익을 가져다주기를 바라고 있었다. 회사 가치는 전혀 변하지 않았는데 내 마음이 하루하루 변했던 것이다. 결국, 난 견디지 못하고 테마주를 선택하고 말았다. 이 회사 주식 말고도 난 많은 1등 회사들을 눈앞의 욕심 때문에 버렸다. 그리고 큰 손실을 봤다. 다시 돌아간다면 이런 선택은 하지 않을 것이다. 이런 경험이 나를 공부하게 하고 내 마음이 쉽사리 변하지 않게끔 해주었다.

## 내게 투자란 이런 것이다

지금 내 투자금의 절반 이상을 동서에 투자하고 있다. 동서는 우리나라 커피점유율 84% 정도를 차지하는 동서식품을 자회사로 두고 있다. 사람 입맛은 변하기가 참 힘들다. 시골에 가보면 할머니, 할아버지들은 커피를 고를 때 이름 같은 건 보지 않고 그냥 노란 상자를 집어든다. 중국인들도 한국으로 여행을 오면 꼭 사가는 노란 상자가 있다. 그것이 바로 동서식품의 맥심모카골드다.

이 정도의 점유율과 인지도라면 충분한 가치가 있다고 생각했다. 커피전문점들이 우후죽순 들어오고 있는데도 점유율이 떨어지지 않는 건 아주 이상적이다. 전체 커피시장의 매출이 떨어지더라도 동서식품의 점유율은 떨어지기는커녕 올라가고 있었다. 이것이 1등기업의 특징이다. 나는 시장 자체가 사라지지 않는 이상 1등 기업은 더 확고한 1등이 될 수가 있다고 판단했다.

동서를 고르기까지 많은 고민을 했었다. 제일 크게 한 고민은 평생 꾸준한 수익을 올릴 수 있을까였다. 그러기 위해선 어떤 조건을 봐야 되나 고민했다.

내가 잘 아는 사업이었으면 한다. 앞으로 꾸준히 성장하는 시장이었으면 한다. 시장점유율이 높았으면 한다. 독점이면 더 좋고, 배당을 꾸준히 줬으면 한다. 대주주의 지분이 많았으면 한다. 주가가 낮았으면 한다.

　동서가 모든 것은 충족시켜주지는 못했다. 하지만 많은 부분을 충족시켰고 난 동서를 선택했다. 아직 투자기간은 그리 길지 않다. 이제 3년 정도 되었다. 운이 좋았던 건 그동안 주가가 꾸준히 올랐다는 것이고, 운이 나빴던 건 계속 사모으고 있는데 주가가 올라 비싸게 샀다는 것이다. 지금도 돈이 생기면 꾸준히 동서 주식을 사고 있다. 그리고 배당금이 들어오면 그대로 동서 주식에 재투자한다.

　커피는 동서식품의 카누와 맥심모카골드만 마신다. 편의점에서 혹시 커피를 사 먹을 땐 비싸더라도 스타벅스만 사 먹는다. (편의점 스타벅스는 동서식품에서 만든다.) 얼마 전 동서가 코스닥에서 상장폐지를 하고 코스피로 이동했다. 그날 난 이사기념으로 짜장면을 먹었다. 지금 내가 생각하는 투자란 이런 것이다. 회사를 선택하고 그 회사와 함께 가는 것이라고.


　많은 사람이 투자에서 실패한다. 사업을 했다면 망했다는 결과이다. 하지만 사업은 망했다고 하면서 투자는 망했다고 하지 않는다. 단순히 운이 없었다고만 생각하고 넘겨버리기 일쑤다. 그런 마음이 드는 데는 금액적인 차이가 가장 크지 않나 생각한다. 사업하면서 하루아침에 대박을 바라는 사람은 별로 없을 것이다. 어떻게 하면 잘 키워서 많은 수익을 낼까를 고민한다. 하지만 투자는 다르다. 어떻게 하면 대박이 날까를 먼저 고민한다. 많은 돈을 들여서 사업을 시작했는데 하루하루 매출 차이가 어마어마하게 크다면 과연 그 일을 마음 편히 할 수 있을까? 이렇듯 하루하루 변동이 큰 주식에 전 재산을 투자하는 사람은 없을 것이다. 투자는 금액적인 차이가 있을 뿐 내가 그 회사, 그 상품의 주인이다.

메리츠자산운용의 존 리 대표는 강의 때 이런 얘기를 했다. "친구와 사업하는데 사업이 너무너무 잘된다. 그랬더니 다른 사람이 와서 30% 더 줄 테니까 사업장을 넘기라고 한다. 여러분은 넘기겠는가? 절대 넘기지 않을 것이다. 그런데 왜 주식은 10% 올랐다고 팔고 10% 떨어졌다고 파는가?"

# 30세에 5,000만 원만 있어도 인생이 달라진다

목돈의 중요성과 그 목돈이 빨리 만들어졌을 때의 유리함을 계산해본 적이 있는가? 어렴풋이는 알 것이다. 왜 하루라도 빨리 시작해서 목돈을 만들어야 하는지와 그 목돈이 얼마나 큰 돈이 되어 나의 삶을 편안하게 해줄 수 있는지를 얘기하겠다.

사실 제목처럼 요즘 30세에 5천만 원을 만들기란 쉽지 않다는 걸 안다. 남자들은 군대 제대 후 대학 졸업하고 취업만 하더라도 거의 30세에 가까워지기 때문이다. 하지만 5천만 원이 있으면 인생이 달라질 것이라는 건 꼭 기억해주길 바란다. 어떻게 해서든 5천만 원을 모아라. 이 돈을 모을 때까지는 먹지도 말고 쓰지도 마라. 물론 쉽지 않겠지만, 그만큼 중요하니 최대한 빨리 모아야 한다. 별거 아닌 5천만 원이 인생을 바꿔줄 밑천이 될 것이다.

## 72법칙을 기억하라

72법칙을 알고 있나? 재테크를 공부하는 사람들은 대부분 알고 있을 거라고 생각한다. 모르면 간단하니 꼭 외워두기를 바란다. 이 법칙은 내 돈이 두 배가 되는 시간을 가장 쉽고 간단하게 계산할 방법이다.

$$\text{기간(년)} = 72 \div \text{수익률(\%)}$$

예를 들어 매년 10%의 수익을 올릴 수 있다면 72 / 10(%) = 7.2(년)이라는 결과가 나온다. 즉, 내 돈이 두 배가 되는 데 약 7년이 걸린다는 말이다.

그럼 반대로 5년 만에 내 돈을 두 배로 만들고 싶다면? 수익률과 기간의 위치만 바꿔주면 된다. 72 / 5(년) = 14.4(%), 약 14%의 수익을 올리면 5년 뒤에 나의 돈은 두 배가 된다.

정말 간단하고 쉽지만, 투자할 때 꼭 기억해두면 욕심을 조절하는데 큰 효과를 볼 수가 있다. 필요 이상으로 많은 수익률을 바라지 않게 된다. 10%가 별것 아닌 것 같지만 사실 엄청난 수익률이다. 내 돈이 두 배, 세 배, 열 배 불어나려면 어떻게 해야 하나 막연히 고민하지 말고 72법칙 계산법을 이용해서 계획을 세우기 바란다.

## 72법칙을 활용한 전략과 전술

한국은행 기준금리가 1.25%인 요즘 은행이자가 1%대를 왔다갔다하고 있다. 1.5%라고 가정한다면 내 돈은 48년 뒤에 두 배가 될 것이고, 1%라고 가정한다면 72년 뒤에 두 배가 된다. 그러면 막연한 계산 말고 내 인생의 목표를 가지기 위해 명확하게 72법칙으로 전략을 짜보도록 하자.

제목에서 말한 대로 30세에 5천만 원의 목돈을 만들었다고 가정하고, 연간 10%의 수익을 올릴 수 있는 상품을 선택한다. 이런 상품이 있을지는 모르겠지만, 아마 직접투자가 제일 좋을 것이다. 주식이든 펀드든 부동산이든 뭐든 좋다. 자신에게 가장 잘 맞는 투자법을 선택하라.

그러면 약 7년 만에 두 배가 되니 37세가 되면 1억이 된다. 이때만 해도 별거 아니다. 하지만 43세가 되면 2억, 50세가 되면 4억이 되고, 57세가 되면 8억, 63세가 되면 16억이 될 수 있다. 정리하면 7년 만에 내 돈을 두 배로 불리는 전략이다. 단, 바로 현금화할 수 있는 금융자산 기준이어야만 되고 깔고 앉은 부동산, 즉 거주하는 집은 포함을 시키면 안 된다.

이 정도면 50대 말이면 은퇴하고 노후를 즐길 수 있는 충분한 돈이 될 것이다. 희망이 보이는가? 별거 아닌 것 같았던 5천만 원이 이렇게 불어날 수 있다.

연 10%의 수익을 올리기는 굉장히 어렵다는 걸 안다. 세계적인 투자자들도 매년 꾸준히 수익을 내기는 어렵다. 그들은 다른 사람의 돈을 위탁받아 굴리는 것이기 때문에 운용할 때 많은 제약이 따른다. 그러나 우리는 우리 돈만 굴리기 때문에 제약을 받을 게 없다. 마음만 잘 추스르면 얼마든지 수익을 올릴 수 있다. 시간은 많이 남아 있다.

전략이 만들어졌다면 전술을 짜보도록 하자. 5천만 원을 만들 때까지는 허리띠 바짝 졸라매고 돈을 모으면서 연 10%의 수익을 낼 방법을 공부하면 된다. 그리고 5천만 원이 만들어지면 그동안 공부한 방법으로 연 10%의 수익을 올리면서 안정적으로 연 5%의 수익률을 올릴 방법을 고민해보자.

갈수록 높은 수익률을 내기는 힘들어도 갈수록 낮은 수익률을 내기는 쉬울 것이다. 5%의 수익률은 공격적으로 투자해서 원하는 만큼의 자산을 모았을 때부터 만들어갈 수익률이다. 그러면 연 5%의 수익을 올리며 원금은 크게 줄지 않으면서 평생 돈 걱정 없이 살아갈 수 있다. 이렇듯 젊었을 때 5천만 원만 모은다면 충분히 인생이 달라질 수 있다.

## 남은 인생을 즐기자

5천만 원의 투자금이 만들어지고 난 다음에는 투자금 외에는 하나도 모으지 않아도 된다. 아이가 크고 생활비가 부족하다면 투자금을 제외한 월급은 모두 다 써도 된다는 말이다. 그래도 내 자산은 불어나고 있을 것이기 때문이다. 하지만 그 돈을 모으기까지 절약했다면 아마 몸에 밴 습관 때문에 갈수록 더 많은 돈을 모을 수가 있을 것이다. 월급 중 남는 돈은 분산투자의 일원으로 매월 적립식 연금 등으로 모아간다면 1년에 10%의 수익은 못 올리더라도 노후에 대비한 충분한 자금은 확보할 수 있다. 투자금 외에 매월 적립하는 돈은 보너스라고 생각해라.

나도 30세 때는 5천만 원이 없었다. 30세에 부모님 도움으로 겨우 결혼할 정도였으니 말이다. 하지만 지금은 72법칙의 계산보다 10년 이상 앞서 가는 돈을 모았다. 모았다기보단 불렸다는 게 맞을 것이다. 조금 늦게 시작해도 크게 상관없다. 더 많은 노력을 하면 되기 때문이다.


왜 돈 공부를 해서 돈에게 일을 시켜야 하는지 72법칙을 적용해서 명확하게 답을 얻었다. 우리가 어렸을 때는 은행에만 돈을 넣어둬도 10%의 이자는 쉽게 받았다. 투자를 안 해도 쉽게 돈을 불릴 수가 있었던 것이다. 하지만 지금은 상황이 다르다. 저성장시

대이고 은행 이자는 없다. 돈에게 일을 시키지 않고 노동력만으로는 평생 변화 없는 삶을 살게 될 것이다.

돈 걱정 없이 살 수만 있다면 방법을 찾아야 한다. 연 10%가 어렵다고 느껴진다면 7년에 두 배가 될 수 있는 투자처를 찾으면 된다. 또, 1년에 10%가 아닌 20~30%의 수익을 올렸다면 2~3년의 세월을 번 것이다. 높은 수익을 냈다면 투자에 대한 자만심을 가질 것이 아니라 더 냉정히 시장을 바라보며 판단할 수 있는 시간이 주어졌다고 생각해야 한다. 편안하게 자신만의 계획을 잡아보도록 하자.

# 나의 부모가 먼저 알려줬다면

투자는 수익률이 중요하다. 하지만 그보다 더 중요한 것은 왜 해야 하는지를 아는 것이고, 자신에게 가장 잘 맞는 투자법과 투자대상을 찾는 것이다. 앞서 말한 수많은 내용은 모두 투자를 대하는 원칙이자 마음가짐이다.

돈이 많다고 모두 투자를 잘하고 돈 관리를 잘하는 것은 아니다. 금융에 대한 지식이 많다고 투자를 잘하고 자산이 많은 것도 아니다. 그런데 자산이 많은 사람을 보면 모두 투자와 돈 관리를 잘하고 금융지식이 많은 것은 사실이다. 투자, 돈 관리, 금융지식은 기본인 셈이다.

나는 아이들에게 투자수익률의 중요성보다는 자신에게 가장 잘 맞는 투자법을 찾도록 도와주고 싶다. 그게 주식이든 부동산이

든 사업이든 상관없다. 수익률만 따라가다가는 행복한 삶보다는 돈만 알게 될 것이기 때문이다.

투자는 지식으로만 하는 것이 아니다. 발품만 팔고 투자의 시기를 잡지 못한다면 그건 투자를 하는 것이 아니라 시간만 낭비하는 것이다. 물론 너무 성급하게 투자하는 것도 안 된다. 그러나 적당히 공부했으면 자신만의 생각을 정리하여 성공하든 실패하든 실천해봐야 한다. 그래야만 그것이 자신에게 맞는 투자인지 아닌지를 알 수가 있다. 이런 경험은 성공과 실패의 여부를 떠나 돈으로는 환산할 수 없는 엄청난 가치가 있다.

## 자신만의 투자생각이 중요한 이유

가치투자의 아이콘, 한국밸류자산운용의 이채원 부사장에 대해서 잠깐 얘기하겠다. 내가 이 분을 알게 된 건 주식투자를 시작하고 얼마 지나지 않아서이다. 직접 만나보진 못했고 책을 통해서 만나게 되었다.

2006년 주식시장이 한창 좋을 때 '저평가된 기업에 장기투자하겠다'는 컨셉으로 〈한국밸류10년 투자펀드〉를 내놓았다. 펀드 이름만 보더라도 장기투자를 한다는 것을 쉽게 알 수 있다. 당시에 환매수수료가 부과되는 기간이 90일 정도였는데, 이 펀드는 3

년이라는 제한을 했다. 그만큼 장기투자를 원하는 사람만 펀드를 매수하라는 강력한 메시지를 담았었다. 어떤 주식을 사더라도 고공행진하던 당시에는 이 펀드가 과연 성공할 수 있을지 의문이 많았다.

그리고 올해 4월, 딱 10년이 되었는데 누적수익률이 156%였다. 설정 당시 1억을 투자했다면 2억 5천6백만 원이 되었다는 얘기다. 그런데 더 놀라운 건 이 펀드에 투자한 사람들이다. 절반 이상이 8년 이상 보유했고, 3분의 2 이상이 장기수익을 올렸다.

누적수익률 2700%, 연평균 29% 이상의 수익을 기록한 세계적인 펀드매니저 피터 린치의 마젤란 펀드도 전체 가입자 중 절반 이상이 손실을 보고 환매했다고 한다. 이것만 보더라도 투자자의 생각이 투자에 얼마나 큰 영향을 미치는지 알 수 있다.

소신껏 투자처를 선택했으면 결과가 나올 때까지 기다릴 줄도 알아야 한다. 기다릴 수가 없다는 건 자기 생각이 아닌 다른 사람의 생각이나 수익률만 따라다녔기 때문일 것이다.


## 투자로 먹고살려면 돈부터 벌어라


나는 대학을 졸업하고 취업한 회사의 월급이 너무 적었기 때문에 주식을 시작했다. 공부는 전혀 하지 않았다. 인터넷에서 떠도는 정보들을 토대로 주식을 매수했다. 단기간에 높은 수익률을 올릴 때가 있었다. 이때 든 생각이 쥐꼬리만 한 월급 받으면서 스트레스 받느니 회사를 그만두고 전업으로 주식을 하는 것이었다.

하지만 목돈이 없었기 때문에 월급 정도 금액을 가져가려면 한 달에 20% 이상의 수익을 올려야 했다. 깊은 고민 끝에 나의 능력을 벗어난다고 보고 나는 전업투자자의 길을 포기했다. 지금 생각하면 참 잘한 일이다. 난 단기투자에 크게 재능이 없다. 투자하고 싶다면 적더라도 매월 고정적으로 들어오는 돈이 있어야 한다. 쥐꼬리만 한 월급이라도 받았기 때문에 생활할 수 있었고, 마음 편히 주식도 할 수가 있었다.

나와 같이 투자한 친구는 그때 전업투자자로 전향했다. 하지만 그 친구도 나와 다를 바 없이 인터넷에 떠도는 정보들을 가지고 투자했었다. 처음엔 월 10% 이상의 수익률을 올리는 듯 보였다. 하지만 월 10%의 수익률로는 생활비가 되지 않았다. 수익률로 생활해야 하는 친구는 더 무리한 투자를 할 수밖에 없었고, 결국 모든 투자금을 날리고 다시 직장을 구해야 하는 최악의 상황을 맞고 말았다.

10억을 가지고 있는 사람과 1천만 원을 가지고 있는 사람의 투자대상을 바라보는 시각은 하늘과 땅 차이이다. 1천만 원을 가지고 생활비를 마련하려면 한 달에 최소 20% 정도의 수익률은 나와 줘야 할 것이다. 그러나 적은 월급이라도 나온다면 달라진다. 1천

만 원으로 투자하고 월급으로는 생활할 수 있기 때문에 자기만의
투자법으로 장기투자를 할 수 있게 되고, 그만큼 수익을 올리기가
수월해진다. 투자할 때 과욕을 부린다거나 시간에 쫓기게 되면 백
전백패다.


## 성공했다란 사람을 너무 믿지 마라

투자공부를 하다 보면 주변에서 '주식으로 10억을 벌었다. 부
동산으로 100억을 벌었다.'는 말 정도는 들어봤을 것이다. 나는 갑
작스럽게 투자로 성공했다란 사람의 말은 듣지 않는다. 어느 순간
그 사람들은 소리소문없이 사라졌기 때문이다. 초보시절에는 그
런 사람들이 우러러 보이고 존경스럽기까지 했다. 그러나 이젠 안
다. 그 사람이 그렇게 성공했다고 나도 그 방법으로 할 수는 없다
는 것을.
투자로 갑작스럽게 성공한 사람은 내가 알기로는 없다. 사기
를 쳐서 갑작스럽게 부자가 됐다면 모를까? 내가 투자하고 있으니
투자가 얼마나 어려운지 알고, 그리고 하룻밤에 일확천금의 부자
가 될 수 없다는 것도 너무나 잘 알고 있다. 투자는 정말 노력만이
답이다.

## 고객을 위한 금융회사는 없다

금융지식이 많은 금융회사원의 말도 걸러 들어야 한다. 그 사람들이 많은 금융지식으로 많은 수익을 올렸다면 왜 거기 앉아서 일하겠는가? 지식과 실전은 다른 것이다.

아래에 나오는 건 금융사기를 다룬 영화 〈울프 오브 월스트리트〉의 대사이다. 이 내용을 옮기는 이유는 단 하나이다. 고객의 이익이 금융사의 이익은 아니다. 고객은 손실을 보더라도 금융사는 돈을 번다. 왜 돈에 관해선 조언을 받으면 안 되고 교육을 받아야 하는지 알 수 있을 것이다.

**선배** 성공 비결은 고객의 돈을 내 주머니로 옮기는 거야.

**디카프리오** 근데 고객한테도 돈을 벌어주면 서로 이익이 되죠, 그렇죠?

**선배** 아니. 월스트리트의 1번 룰, 아무도… 워런 버핏 같은 거물도 주가가 오를지 내릴지 어떻게 될지는 예측 못 해. 평범한 증권맨들은 더 모르고. 가짜, 짜가, 환상, 헛것, 뭐라고 하든 허공을 떠도는 먼지처럼 실체가 없어. 존재조차 없는 허상이라고. 알겠나?

**디카프리오** 그렇군요.

**선배** 잘 들어. 우린 뭘 만들거나 아무것도 짓지 않아.

**디카프리오** 네.

**선배** 주식을 8달러에 산 고객이 있다고 쳐. 16달러로 뛰면 기분 째져서 몽

땅 팔고 현금을 쥐고 싶어 하지. 그렇게 놔두면 안 돼. 그럼 현실이 되니까. 그럼 어떡하냐고? 다른 아이디어를 내야지. 특별한 아이디어. 수익을 재투자할 다른 종목을 권하는 거야. 백이면 백 다 재투자하지. 왜냐하면, 돈 맛에 중독됐거든. 그런 식으로 계속 뺑뺑이 돌리면서 고객이 실현 안 된 서류상의 수익에 헬렐레할 때 자네랑 나 같은 브로커는 엄청난 거래 수수료를 빳빳한 현찰로 챙기는 거지.

나는 아이들에게 투자는 선택이 아니라 필수라는 것을 꼭 알려줄 것이다. 하루라도 빨리 자신만의 투자법을 찾을 수 있게끔 도와줄 것이고, 자기의 생각이 아닌 다른 사람의 생각에 휘둘리지 않을 수 있도록 알려줄 것이다.

아무리 수익이 날 수 있는 곳을 알더라도 생각이 잘못돼 있으면 손실을 볼 수밖에 없다. 언젠가 오를 거라는 걸 아는데도 그 시간을 기다릴 수 없다면 손실을 볼 수밖에 없다. 그러나 제대로 투자하는 법을 배우면 많은 돈을 버는 직업이 아니더라도 하고 싶은 것을 하며 살 수 있다. '아빠가 했으니 너희도 할 수 있다'고 말해주는 아빠가 되고 싶다.

# 우리가 해결해야 할 문제

헬조선, 캥거루자녀, 노후파산. 한 번쯤은 들어본 단어일 것이다. 좋은 의미의 단어는 아니다. 우리나라가 살기 어렵다고 깎아내린 신조어이다. 아마 우리 아이 세대로 갈수록 더 심각해질지 모른다. 나는 우리나라가 꽤 살기 좋은 나라라고 생각한다. 그런데 왜 이런 단어들이 유행처럼 돌아다니는 것일까?

이런 문제를 낳는 가장 큰 이유는 바로 부모들이 자식 교육에 너무 많은 돈을 쏟아부어서 그런 것 같다. 부모가 주는 꽁돈으로 편안하게 학교 교육, 학원 교육만 받다 보니 아이들은 커서도 어려운 일은 하지 않으려 한다. 엄마, 아빠만 찾으면 모든 게 다 해결됐기 때문이다.

평생을 부모에게 의존하며 살았는데 서른이 넘어서 하루아침에 변하길 바라는 것도 문제다. 캥거루 자녀도 부모들이 만들었다. 그렇게 평생을 아이들 뒷바라지만 하다 보니 노후파산은 당연한 결과로 보인다. 이런 것들은 다 우리 같은 부모가 만들고 있는 현상이니 잘 알고 준비하기를 바란다. 내가 낳은 자식이지만 하나의 독립체이고 서로 다른 인생을 살아간다. 그저 잘해주기만 한다고 모두 다 잘되지는 않는다. 부모와 자식 모두 행복한 미래를 맞으려면 생각을 바꾸고 행동을 바꿔야 한다.


## 헬조선


헬조선, 한국은 지옥 같은 나라라는 의미로 통하고 있다. 바로 빈부격차 때문인데, 자본주의 사회에서 빈부격차는 당연히 존재한다. 어쩔 수 없다면 받아들여야 하고, 빈이 아니라 부로 살 수 있어야 한다. 헬조선, 헬조선 외친다고 달라지는 것은 아무것도 없다. 집을 사고 싶은데 능력이 안 되고, 잘살고 싶은데 현실이 안 된다. 사회적인 문제라고 치부하고 손놓고 있으면 안 된다. 잘사는 사람은 어떻게든 잘살기 때문이다. 남 탓을 한다고 달라지는 것은 하나도 없다. 취업이 힘들어 결혼도 못하고 아이도 못 낳고, 이런 생활을 평생 할 수는 없다. 1~2년도 이렇게 살기 싫은데 어떻게 평생을 살겠는가?

## 캥거루 자녀

보통 우리나라는 30대가 되면 결혼하고 가정을 꾸린다. 하지만 이젠 옛말이 되고 있다. 결혼을 미루거나 아예 하지 않는 30대들이 늘어나면서 아예 부모에게 얹혀서 사는 캥거루족이 늘고 있다. 독립할 여력이 안 되는 것이 가장 큰 문제이다.

나이가 들어 자식이 독립하지 못하면 부모의 생활에도 지장이 생긴다. 뜻하지 않게 필요 이상의 생활비가 더 들어갈 수밖에 없다. 그렇다고 얹혀사는 자녀가 생활비라도 보태면 좋은데 내가 아는 캥거루 자녀는 하나같이 다 생활비를 내지 않거나 10~20만 원 정도의 식대도 안 되는 소액을 내고 있다. 꼭 기억해라. 이것도 부모가 오랜 기간에 걸쳐 만들어 낸 결과물이다.

이제 우리의 아이들도 이런 생각을 하지 않게 우리가 도와줘야 한다. 월급이 적고 힘든 직장이라도 미래를 위해서 들어가야 한다. 어느 정도의 목돈이 있어야만 인생이 달라질 수 있다고 앞에서 얘기했다. 스스로 헤쳐나갈 방법을 알려줘야 한다.


## 노후파산

앞서 'KBS스페셜'에서 방영한 노후파산에 대해서 잠깐 얘기했었다. 어찌 보면 헬조선이나 캥거루 자녀보다 당장 우리가 더 많이 걱정해야 하는 문제가 아닌가 생각한다. 아이들은 아직 긴 인생이 남았기에 스스로 슬기롭게 해결해갈 수 있도록 하면 된다. 하지만 우리의 노후문제는 얘기가 달라진다.

노후파산을 너무 먼 나라 얘기로 생각하지는 마라. 지금 어떤 삶을 살든 뜻하지 않은 병이나 부상 등으로 누구에게나 일어날 수 있는 일이다. 미래에는 의료비나 돌봄 서비스 등 양로비용이 엄청나게 크게 다가올 수밖에 없다. 돈을 벌지 못하고 평생 벌어둔 돈으로 생활해야 하는데, 그것이 안 될 때 노후파산이 된다. 이렇게 노후파산은 아주 서서히 미처 느끼지도 못하고 있을 때 다가올 수 있다. 하루아침에 일어나는 일은 극히 드물다. 어쩌면 내 등 바로 뒤에까지 와 있는지도 모른다.

사회적인 문제 세 가지를 엮어서 생각해봤다. "나한테는 일어나지 않을 일이야."라고 단정 지어서 말할 수 있는 사람이 있는가? 나도 아이에게 돈 교육을 하고 나름대로 준비하고 있지만, 어떻게 될지는 아무도 모른다. 이건희 회장도 '골프와 자식은 마음대로 안 된다'고 했다. 다시 말하지만 하나만 꼭 기억하자. 아이들에게 필요 이상의 교육비를 투자한다는 건 우리 아이와 우리 미래 모두를 망치는 일이 될 수 있다. 내가 알고 있는 가장 큰 투기는 아이들의 교육비에 올인하는 것이다.

# CHAPTER 5

# 투자습관이
# 인생을 바꾼다

# 가계부
## 쓰지 마라

돈을 모으려면 조금은 부지런해야 하며 꼼꼼해야 한다. 그중 가장 기본이 가계부로 통한다. 난 돈 관리를 꼼꼼히 하고 있지만, 가계부는 작성하지 않는다. 매일매일 작성해야 하는 부담도 있고 작성해도 크게 효과를 보지 못해서다. 효과를 보지도 못하는데 매일매일 하려니 스트레스만 쌓였다. 차라리 그 시간에 가장 잘할 수 있는 것을 하는 게 더 효과적이었다.

가계부를 쓰지 않더라도 얼마든지 돈 관리를 잘할 수 있다. 처음 돈 공부를 시작할 때 먼저 해본 사람들을 따라 하는 건 좋으나 자신에게 맞지 않는다면 과감히 버려야 한다. 자신에게 맞는 효과적인 방법들이 분명히 존재하기 때문이다. 없다면 스스로 만들어도 된다. 난 그렇게 돈 관리에 중요하다는 가계부 말고 다른 방법들을 선택하였다. 어찌 보면 청개구리 돈 관리법일 수도 있을 것이다.

## 신용카드를 활용하라

내가 선택한 방법은 보통의 재테크 책에서 말하는 것과는 조금 다르다. 바로 신용카드를 사용하는 것이다. 단, 할부는 이용하지 않는다. 요즘엔 신용카드와 가계부 앱이 연동되어서 카드를 사용함과 동시에 가계부에 반영된다. 하지만 이 방법을 쓰는 것도 아니다. 가장 간단한 것은 신용카드 한도 조정이다. 어찌 보면 신용카드를 체크카드처럼 사용하는 것이다. 신용카드를 사용하면 이용내역을 쉽게 확인할 수 있다. 카드사에서 주는 혜택들도 누릴 수 있어서 일거양득의 효과를 본다. 그리고 한 달에 사용할 수 있는 현금의 제한을 뒀다.

많은 재테크 책에서 말하기를 신용카드를 사용하면서 지출을 통제할 수 있는 사람은 드물다고 한다. 틀린 말은 아니라고 생각한다. 하지만 진짜 돈을 모으는 사람들은 신용카드를 사용하건, 현금을 사용하건 지출을 통제할 줄 안다. 이런 사소한 것도 안 되면서 돈을 모은다는 건 미스터리다. 푼돈 관리가 안 되는데 어떻게 큰돈 관리를 할 수 있단 말인가. 현금을 쓴다고 모두 지출 통제가 되는 것은 아니다. 지출도 투자와 마찬가지로 마음가짐, 즉 원칙이 중요하다.

카드명세서에 표시되는 가맹점명에 따라 한 달 정도가 지나면 무엇 때문에 돈을 썼는지가 기억나지 않을 때가 있다. 이런 것을 주의 깊게 보면 된다. 기억도 안 나는데 카드를 사용했다는 건 크게 중요하지 않은 곳에 지출했다는 뜻이기 때문이다.

현금 사용은 최대한 자제하고, 현금은 꼭 쓸 수밖에 없는 곳에서만 쓴다. 동네슈퍼에서 1천 원짜리 간식을 사면서 카드를 내밀기는 쉽지 않다. 이럴 때를 제외하면 대부분 카드를 사용한다. 현금은 한 달 5만 원, 또는 10만 원으로 사용을 제한하고 현금영수증 꼭 발급받는다. 현금 사용을 최대한 줄이는 것이 돈 관리에 용이하다. 현금을 사용하고 남은 잔돈은 모두 돼지저금통으로 들어간다. 잔돈이 모여서 투자로까지 이어진다.

카드 한 달 이용 내역만 확인하더라도 어디에 돈을 썼는지 쉽게 확인할 수 있다. 그리고 현금을 사용한 곳은 대부분 푼돈을 사용한 곳이니 웬만하면 달이 갈수록 줄이는 것이 좋다. 이렇게 사용하다 보면 돈이 새는 것을 막을 수 있다.

이 정도만 해도 한 달 사용금액을 조정할 수 있을 뿐만 아니라 사용내역까지 자세히 알 수 있다. 가계부를 쓰는 사람은 계속 가계부를 쓰기 바란다. 단, 나처럼 가계부를 쓰기 싫거나, 자신에게 맞지 않는 사람들도 효율적으로 돈 관리할 수 있다는 것만 기억하자.

현금을 사용한다고 해서 꼭 써야 할 때 안 쓰는 것은 아니다. 카드 사용한다고 안 써야 할 때 그냥 막 쓰는 것도 아니다. 나만의 돈 관리법이 있을 뿐이다.


## 가계부는 안 써도 자산관리표는 작성하라


많은 돈을 효율적으로 관리하고 싶다면 한 달에 한 번 자산관리표는 작성해야 한다. 자신만의 자산관리표를 완성하는 데는 시간이 꽤 걸린다. 돈이 많이 없을 때는 크게 효과가 없다고 생각할지 모르지만, 미리미리 시작해야 나중에 큰돈도 관리할 수 있게 된다. 한 달씩 작성하다 보면 자신에게 필요한 항목이 무엇인지, 왜 자산의 변화가 있었는지를 한눈에 확인할 수 있어 아무리 큰돈이라도 효과적으로 관리할 수 있다.

부자들은 하루하루 얼마 썼는지보다, 한 달이나 일 년 동안 얼마나 자산이 증감했는지 더 신경 쓴다. 자산의 전체적인 흐름을 파악하는 것이 중요하다.

한순간 사용액을 많이 줄이긴 힘들다. 상담하다 보면 이런 얘기가 종종 나온다.

"그럼 다음 달부터 지출을 반으로 줄여볼게요."

"힘들 것 같은데요. 5%씩 천천히 줄여보시죠."

매월 용돈을 50만 원 정도 사용하던 사람이 30만 원으로 줄인다는 건 현실적으로 힘들다. 100만 원을 사용하던 사람이 80만 원으로 줄이는 건 그나마 쉬울 것이다. 갑작스럽게 지출을 줄이면 한두 달은 그렇게 할 수 있을지 몰라도 대체로 실패하고 만다. 줄이기 힘든 부분까지 너무 많이 통제하면 삶이 재미없어진다. 돈 공부를 하는 이유는 쓸 건 쓰면서 돈을 모으고 불리기 위함이다. 무조건 아끼고 살 것 같으면 돈 공부는 필요가 없다. 그냥 아끼면 되는 것이다. 그러나 이런 삶을 바라진 않지 않는가. 다만 목돈을 만들기까지는 아낄 수 있다면 아껴야 한다. 얼마나 아끼느냐에 따라서 그 고통의 기간이 달라진다.

사회초년생일 때 돈을 모으는 것도 중요하지만, 일정 부분은 막 써보는 것도 나쁘지 않다고 생각한다. '늦게 배운 도둑질 날 새는지 모른다'란 속담이 있는데 너무 아껴쓰다 보니 아이들이 태어나고 학교에 가는 등 진짜 돈이 필요할 때 돈을 막 써버리는 사람들을 자주 봤다. "이렇게 살면 뭐하나"란 생각이 들더란다. 돈 쓰는 것에 대해 좋은 경험을 할 수 있다면 한 살이라도 어릴 때 써보는 것도 괜찮다. 단, 너무 빠져들면 부자고 뭐고 아무것도 될 수 없다는 것만 명심하자.

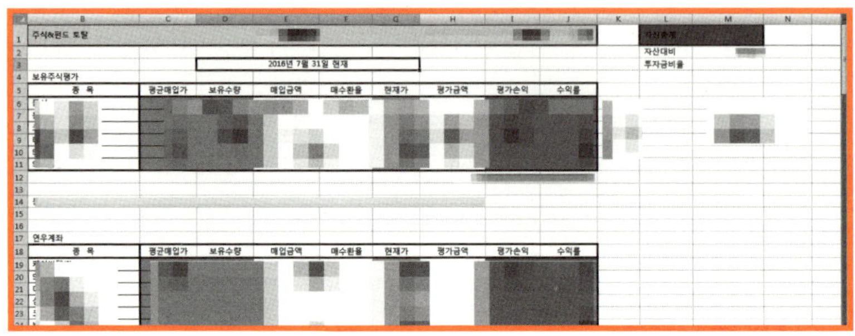

　너무 정통적인 재테크 방법이 아니더라도 충분히 돈을 모을 수 있고, 불릴 수 있다. 많은 사람이 돈을 모으려면 가계부를 써야 하고 신용카드를 사용해선 안 된다고 공식처럼 생각하는데 꼭 그런 것만은 아니라는 것을 알려주고 싶다. 스스로 너무 짜인 틀에 가둬놓고 스트레스받지 마라.

　나는 정통적인 방법으로 돈을 모으지는 않았다. 하지만 지금은 내 나름의 방식으로 잘 운용하고 있고, 돈도 불어나고 있다. 가장 중요한 것은 자신의 원칙이다. 타인의 생각에 따라가는 것이 아니고, 자신만의 생각과 방식으로 자산을 불려가는 것이다. 그러면 평생을 가더라도 지치거나 무너지지 않을 것이다.

# 선진국을 주시하라

미국이 기침하면 한국이 독감에 걸리고, 중국이 기침하면 세계가 몸살을 앓는다는 말이 있다. 이것은 그냥 나온 말이 아니다. 세계화 속에서 수출로 먹고사는 우리나라는 세계경제의 영향을 많이 받을 수밖에 없다. 따라서 우리나라가 아무리 잘한다고 하더라도 세계의 영향에서 벗어날 수가 없다. 911테러, 미국의 금융위기, 그리스의 그렉시트, 영국의 브렉시트 등 세계적인 이슈가 있을 때마다 우리나라 경제는 크게 요동쳤다. 오히려 우리나라에서 발생한 경제 위기는 많지 않다. 이렇게 우리나라 경제문제는 내부요인보다 외부요인이 더 크게 작용할 때가 많으므로 한국경제를 넘어 세계경제에 관심을 둬야 한다.

아이폰 판매가 생각보다 부진하여 20% 매출이 감소했다면 애플의 주가가 영향을 많이 받을까, 한국의 부품업체 주가가 영향을 많이 받을까? 당연히 한국의 부품업체가 영향을 많이 받는다. 이유는 수요에 대비해 공장을 풀가동하며 부품을 준비했는데 갑자기 필요 없다고 하니 타격을 입을 수밖에 없다. 몇 달 동안 공장이 멈추는 문제에서 끝나는 것이 아니라 생존이 달린 문제가 될 수도 있다.

이것을 '채찍 효과'라고 한다. 소를 몰 때 긴 채찍을 사용하면 손잡이 부분에 작은 힘만 가해도 끝 부분에는 큰 힘이 전해지는 데서 붙여진 명칭으로, '황소채찍 효과'라고도 한다.(두산백과 참조) 아주 사소하고 미미한 요인이 엄청난 결과를 불러온다는 나비효과와 유사한 현상이다. 미국이 손잡이, 한국은 이 채찍의 가장 끝 부분에 있다고 할 수 있다.

최근에 불거지고 있는 조선업계의 불황만 보더라도 채찍 효과를 확인할 수 있다. 세계 1위의 한국조선업이 왜 구조조정을 하고 문을 닫게 되었을까? 배를 만드는 기술이 떨어져서가 아니다. 글로벌 저성장으로 선박 수주량이 급감했기 때문이다. 거기에 중국 조선업의 부상이 한몫해 시장 점유율이 급격히 하락한 탓이다.

기술력으로 승부하겠다고 앞다투어 뛰어든 해양플랜트 사업은 실질적으로는 주요 기술력이 미국이나 유럽에 있어 큰 수익을 남기지 못했다. 여기에다 경기침체로 에너지 수요까지 감소하면서 유가가 폭락하고, 기존 발주까지 취소되거나 인도 시기가 연기되고 말았다. 유가가 배럴당 100달러를 넘어설 때 경제가 어려워지자 유류비를 지원하는 등 막대한 지원을 퍼부었다. 그때 언론에선 유가가 오르면 수출로 먹고사는 한국에게 불리하므로 유가가 떨어져야 유리하다고 했는데, 막상 30달러 이하로 떨어져도 경기가 나아지지 않는 건 마찬가지였다.

이럴 때는 왜 유가가 떨어졌는가를 더 중요하게 보아야 한다. 미국의 소비가 줄어드니 생산하는 기업들의 활동이 줄어들고, 기업의 활동이 줄어드니 기름 소비가 줄어들고, 소비하는 기름보다 많은 기름을 추출하다 보니 유가가 떨어졌다. 결국, 경제가 안 좋아서 유가가 떨어졌다는 게 맞는 말이다.

이런 위기는 모두 세계화 영향 때문이고 그 끝에 한국이 있다. 투자를 하려면 이런 부분까지 모두 신경을 쓰고 살펴봐야 할 것이다. 어려운 듯하여도 뉴스를 볼 때 이런 식으로 접근하면 크게 어렵지 않다. 이런 정보들을 얻을 방법은 우리 주위에 아주 많기 때문이다.

1997년 태국에서 시작된 아시아금융 위기와 한국의 IMF 외환 위기도 모두 미국의 달러 영향 때문이었다. 외국인들이 동아시아에 묶어뒀던 돈을 달러로 바꿔 이탈하는 과정에서 태국의 외환 위기가 터졌고, 이런 금융위기가 일본과 동남아시아를 지나간 후 미국은 금리를 내리기 시작했다.

중국경제가 성장하면서 전 세계에 자산 버블이 생기기 시작했고, 중국의 수요와 세계경제 호황으로 유가도 120달러를 넘어섰다. 이렇게 달러가 쌀 때 미국은 금리 인상을 시작한다. 그렇게 미국의 주택문제였던 서브프라임 사태가 터졌다.

미국경제는 큰 타격을 받았지만, 잠깐 동안이었고 미국은 장기호황에 접어들었다. 이런 미국발 호황과 불황은 반복되는 패턴을 보이고 있어서 미국에 관심을 두고 보면 많은 도움이 될 것이다. 지금 미국은 금리인상을 시작했다. 브렉시트 때문에 잠시 주춤하고 있지만, 전문가들은 계속 인상될 것으로 가닥을 잡고 있다.

미국발 금융위기가 있었지만, 미국경제는 금방 회복했고 긴 호황을 누리고 있다. 정작 위기를 만들어낸 나라는 호황을 누리는데 다른 나라들은 그렇지 못하다. 그렇다고 무조건 미국에 투자해야 한다는 것은 아니다. 미국처럼 그 효과를 누리기 위해선 어떻게 해야 하는지 생각해야 한다.

세계의 중심에는 미국이 있다. 중국도 있다고 얘기하지만, 나는 미국이 없으면 중국도 없다고 생각한다. 개인적으로 중국이 미국을 짧은 시간 안에 앞설 것으로 생각했지만, 세계경제의 위기가 생길 때마다 중국보다는 미국을 우선 생각해야 한다는 결론이 나왔다. 어떤 돈 공부를 하건 미국을 생각하지 않으면 좋은 결과를 내기 어려울 것이다.

# 스마트폰을 이용하지 말고 활용하자

내 손 안의 알파고, 스마트폰. 요즘은 스마트폰이 없는 사람을 찾아보기 힘들다. 그러나 불과 몇 년 전만 하더라도 스마트폰은 상상도 할 수 없었다. 인터넷이 출현하고 엄청나게 많은 정보가 쏟아져나왔고, 그 많은 정보를 사무실이나 집에 있는 컴퓨터에 앉아서 이용할 수 있었다. 그러나 이제 스마트폰 덕분에 돌아다니면서도 정보를 얻을 수 있게 되었다.

우린 정보의 바닷속에 살고 있다. 모두 자신들이 그 분야의 전문가라고 얘기한다. 스마트폰만 있으면 어떤 전문가보다 다양한 지식을 얻을 수가 있다. 하지만 정보의 홍수 속에서 그 정보들을 어떻게 엮어서 활용하느냐에 따라 많은 차이가 날 것이다. 이제는 얼마를 알고 있는지가 아니라 얼마나 잘 활용하느냐가 중요하다. 아무리 많이 알고 있어도 손 안의 스마트폰보다 많이 알 수는 없다.

얼마 전 만난 모 증권사의 인사담당자도 같은 말을 했다. "면접 시 지식이 얼마나 되는지는 궁금하지 않습니다. 아무리 많이 알아도 스마트폰보다 못해요."

옛날에는 다양한 지식을 가지고 있으면 천재라는 얘기를 들었지만, 지금은 많은 정보를 잘 엮어내서 잘 활용하는 사람을 천재라고 한다.

## 내 손 안의 알파고

인간과 컴퓨터의 대결. 나는 이세돌과 알파고의 대결 결과에서 큰 충격을 받았다. 많은 전문가가 아직 바둑에서 로봇이 인간을 이기기는 힘들 거라고 예상했다. 하지만 그 예상은 보기 좋게 깨졌다. 다섯 번 중 이세돌은 한 번 이겼을 뿐 모두 알파고가 이겼다. 알파고가 기존의 통념을 깨뜨리는 창의적인 수를 두고 이김으로써 지금까지 이어진 패러다임이 깨어질 거라고 한다. 이런 알파고가 바로 스마트폰이다. 알파고는 수많은 대국을 하면서 경험 데이터를 저장해뒀다가 다음 경기 때 사용한다. 우린 이 알파고를 이기려고 할 필요도, 알파고처럼 될 필요도 없다. 단지 잘 활용만

하면 된다.

　돈 관리에 대한 패러다임도 바뀌고 있다. 인간이 해주는 관리에서 감정의 동요가 전혀 없는 로보어드바이저로의 변화도 시작되었다. 기존보다 적은 금액으로 쉽고 효율적으로 관리할 수가 있을 것이다. 그 모든 것이 손 안의 스마트폰으로 옮겨올 것이다. 결국, 우리가 갈고 닦아야 하는 것은 투자에 대한 원칙이고 마음가짐이다. 이제 누구든 하고자 하는 마음만 먹으면 할 수 있다. 단, 로봇을 활용할 수 있을 정도의 자기 확신이 필요하다.


## 이동간 강의 듣기


　이렇게 유용한 스마트폰을 제대로 활용하는 사람은 과연 몇 명이나 될까? 이 책을 쓰면서 나는 과연 스마트폰을 잘 활용하고 있는지 한 번 생각해보았다.

　그럼 이용과 활용의 차이는 무엇일까? 이용은 그냥 사용하는 것이고, 활용은 충분히 잘 사용하는 것이다. 난 소득과 연결시키면 활용이고, 그렇지 않으면 이용으로 본다. 지하철을 타보면 거의 반 이상의 사람이 스마트폰을 들여다보고 있다. 뉴스나 영화, 게임 등을 보고 있다. 이동 간에 시간을 활용하는 건 참 좋은 일이다. 하지만 더 생산적인 것을 해보는 건 어떨까?

예를 들면 돈 공부와 관련된 강의를 듣는다든지, 자산관리표를 작성한다든지, 마인드맵으로 미래를 그려본다든지 하는 것 말이다.

나는 자가용을 이용하든, 대중교통을 이용하든 이동 중에는 대부분 강의를 듣는다. 메리츠 자산운용의 존 리 대표 강의가 유튜브에 올라온 것을 녹음해서 100번 이상 들은 듯하다. 지겨울 것 같지만, 투자란 것이 들을 때마다 새롭다. 어떤 강의든 시간이 날 때마다 듣는다. 그러면 자연스럽게 몸에 밴다. 세뇌당한다고 해도 좋다. 나쁜 쪽이 아니라 아주 좋은 쪽으로 세뇌된다. 그려면서 생각이나 투자를 대하는 마음가짐이 업그레이드되었다. 이동하는 시간은 나에게 배움의 시간인 것이다.

## 모든 걸 저장하는 방법

많은 상담을 하고, 많은 자료를 보다 보면 이리저리 흩어져서 어디다 어떻게 기록해뒀는지를 모를 때가 있다. 정리한다고 하지만, 그것이 손으로 쓴 메모이거나 음성녹음이거나 사진파일이거나 저장 매체가 다르면 한 곳에 모으는 데는 한계가 있다. 나는 모든 자료를 에버노트에 모은다. 내가 원하는 모든 것의 저장이 언제 어디서나 가능하다. 그리고 언제 어디서든 내가 기록해뒀던 자료나 파일들을 사용할 수 있다.

에버노트를 활용하는 방법을 잠깐 얘기하자면 일과 관련된 것은 모두 저장한다. 가족 간에 공유가 필요한 자료들도 모두 저장하고 공유기능을 사용해서 같이 본다. 그리고 신문이나 뉴스를 보며 스크랩이 필요한 자료들도 모두 저장한다. 돈 공부를 하기 위해 찾아다닌 강의며, 읽은 책 중에 중요한 내용도 마찬가지다. 심지어는 명함, 여행계획, 전자제품 설명서 등도 저장해둔다. 내가 기록했던 모든 자료를 한눈에 볼 수 있다는 것이 얼마나 큰 선물인지 모른다. 스마트폰 하나만 있으면 나의 모든 것을 언제 어디서든 사용할 수 있게 되었다. 에버노트로 인해 내 인생의 그림이 더욱더 세밀하게 그려지고 있다.


## 왜 신문을 읽어야 하는가

포털사이트에서 많은 뉴스를 볼 수 있다. 한국인이 당연히 공짜라고 생각하는 것이 바로 포털의 뉴스이다. 그러나 많은 공짜뉴스보다 돈이 조금 들어가더라도 경제신문 한 개를 구독하는 것이 더 효과적이다. 포털의 뉴스는 자기가 보고 싶은 것만 골라 보게 되는 단점이 있다. 그렇게 되면 경제의 큰 흐름을 보지 못하게 된다.

처음 신문을 보기 시작하면 무엇을 중점적으로 봐야 할지 모른다. 처음 두 달 정도는 하나하나 정독하면 좋다. 읽는 시간이 꽤 많이 걸린다. 나도 처음에 정독하는 데 2시간 정도 걸렸던 기억이 있다. 그렇게 두어 달 보다 보니 신문을 읽는 흐름을 알게 되었다. 자기만의 스타일이 잡히는 것이다. 몇 달이 지나서는 큰 글자를 먼저 읽고 흐름을 익혔다. 그러면서 신문 보는 시간이 많이 줄어들었다. 요즘엔 하루 20분을 넘기지 않는다. 큰 흐름만 보고, 눈이 가는 기사가 있으면 정독한다. 그리고 부족한 게 있으면 인터넷에서 검색해서 스크랩한다.

이제는 신문도 집에서 종이로 받아보는 것이 아니라 언제 어디서든 스마트폰이나 태블릿PC로 받아볼 수 있다. 비가 오나 눈이 오나 보고 싶을 때 언제든지 볼 수가 있다. 배송이 늦어지는 경우도 절대 없다. 지나간 신문들도 바로바로 찾아볼 수 있고 필요한 게 있다면 바로 스크랩도 가능하고, 원하는 곳으로 바로 보낼 수도 있다. 그러나 신문은 경제의 큰 흐름을 볼 수 있다는 장점이 있다. 그러므로 돈이 아깝다는 생각은 하지 말자. 다만 모든 기사에는 기자들의 개인 생각이 담기기 때문에 한쪽 면만 보지 않도록 주의해야 한다. 신문은 전체 흐름을 보는 정도로 활용하는 것이 좋다.

스마트폰으로 인해 내가 원하는 정보는 이제 뭐든지 내 손 안에 넣을 수가 있다. 그게 유료든 무료든 말이다. 그 지식을 활용해야 하고 시스템을 활용해야 한다. 다양한 지식에 이용당하지 않도록 자신만의 공부를 해야 한다. 이제 언제 어디서든 돈 공부가 가능하고 돈 관리가 가능하다. 알파고 같은 뛰어난 시스템들이 비서가 되어줄 것이다. 이런 것만 잘 활용하더라도 부자가 되는 길은 한층 수월해질 것이다.

# 스스로 하는 재무설계

　돈을 모으고 불리고 효율적으로 사용하는 데는 몇 가지 꼭 해야 하는 것이 있다. 하나는 앞에서 얘기한 자산관리표를 만드는 것이고, 다른 하나는 각 돈에 목적을 부여하는 것이다. 이것을 재무설계라고 한다. 과연 혼자서 재무설계를 할 수 있을까란 생각이 들 수도 있다. 그러나 돈 공부를 하는 사람이라면 누구든지 할 수 있다. 꼭 자산관리사나 재무설계사들이 해주지 않아도 된다. 스스로 하는 것이 더 효율적일 수 있다. 자신을 가장 잘 아는 사람은 바로 자신이기 때문이다.

　'자산관리표가 먼저냐, 재무설계가 먼저냐'는 '닭이 먼저냐, 달걀이 먼저냐'란 말과 똑같다. 어떤 것이든 먼저 시작하면 된다. 어렵게 느껴지는가? 자산관리표를 먼저 만들었다면 그 돈에 각각의 역할을 주면 된다. 재무설계를 먼저 했다면 그걸 토대로 자산관리표를 작성하면 된다. 어렵게 생각할 필요는 전혀 없다. 돈 관리는 어떠한 틀에 맞출 필요도 없고, 자신에게 가장 잘 맞는 방법을 찾아 하면 된다. 쉽게 생각하고 뭐든지 만들어보기 바란다.

## 재무설계

아침마다 이메일을 확인하면 꼭 한 통씩 있는 게 있다. 바로 무료로 재무설계를 해준다는 메일이다. 아마 모든 사람이 한 번씩은 받아봤을 것이다. 발신자는 모두 보험상품을 판매하는 회사들이다. 구색은 그럴듯하다. 생애필수자금 계획을 어쩌고저쩌고해서 적시적소에 사용하게 해준다는 내용이다. 보험판매가 지지부진해지자 보험회사들이 재무설계란 이름으로 보험 리모델링과 상품추천을 해주는 것이다.

상담내용은 모두 비슷비슷하다. 종신보험, 진단금, 실손의료보험에 가입을 권하고 단기, 중기, 장기자금을 나누라고 하면서 연금과 저축보험 가입을 권한다.

이것이 무료 재무설계의 현실이다. 이렇게만 한다고 돈이 모이고 불어나면 가난한 사람은 없을 것이다. 세상에 공짜는 없다고 누차 얘기한다. 무료 재무설계는 수수료가 높은 보험상품을 판매하기 위한 하나의 수단일 뿐이다. 정작 자신들은 재무설계가 잘되어 있는지, 전문적인 지식은 가졌는지는 잘 모르겠다.

재무설계는 누구에게나 필요한 것이지만, 아무에게나 맡겨서는 안 된다. 이런 함정에 빠지지 않으려면 자신의 돈 흐름은 자신이 잘 알고 있어야 한다. 재무설계는 단순하게 단기, 중기, 장기자금을 나눈다고 되는 것이 아니다. 내가 평생을 살아가면서 정말 필요한 돈이 무엇인지를 생각해야 하고, 어떻게 하면 가장 효율적으로 모으고 사용할 수 있는지를 알아야 한다.

돈을 벌기 위해 어렵게 취업해서 정말 열심히 일하고 월급을 받는다. 그렇게 힘들게 번 돈을 왜 관리하지 않는지 모르겠다. 돈은 엄마가 아니다. 이성과 동일하다. 관심을 가지고 아껴주지 않으면 언제든지 떠나버린다.

## 목적자금

인생을 살면서 많은 돈이 들어가야 하는 시기를 생각해보면 자녀교육, 결혼, 주택, 노후, 생활자금 정도가 될 것이다. 이런 자금들은 우선순위를 정해야 한다. 결혼하기 전이라면 결혼 자금이 최우선 자금이 될 것이고, 거기에 초점을 맞춰서 돈을 모아야 한다. 결혼 후라면 주택과 아이들 교육 자금이 최우선시될 것이다. 생활자금이야 항상 사용하는 것이기 때문에 중요성은 말하지 않아도 알 것이다. 혹시 모를 위급상황에 대비해 급여의 3~5배 정도는 가지고 있는 것이 좋다. 이 돈이 전체 자산의 보험 역할을 해줄 것이다. 언제 어떻게 될지 모르는 게 삶이다.

개인적으로는 노후자금을 제일 중요하게 생각한다. 고생은 젊어서만 하면 된다. 지금 조금만 더 아끼고 투자하면 노후는 밝을 수 있다. 생각하지 않고 미리 시작하지 않는다면 아주 길고 힘든 노후를 보낼 것은 불을 보듯 뻔하다.

노후란 것이 오지 않을 거라고 생각하는 사람은 없다. 통계에도 나와 있지만, 먼 미래의 일이라서 우선순위에서 밀리는 것뿐이다. 주택, 교육, 노후문제는 하나로 묶어서 준비해야 한다. 이런 목적자금들에 대한 구체적인 계획은 누가 세워줄 수 없다. 자신의 재정상태를 가장 잘 아는 사람은 바로 자기 자신이다.

그때 얼마가 필요할 것이란 것은 계산하지 마라. 어차피 지금 모으는 돈으로는 그때의 필요금액을 맞출 수가 없어서 금방 포기해버린다. 대신 내가 지금 얼마를 모으고 투자할 수 있는지를 계산해라. 그리고 부족하다고 생각되면 투자수익률을 높이는 법을 공부하면 된다.


인생에서 돈에 대한 큰 그림을 그리는 것이 재무설계이다. 돈이 많은 사람만 하는 것이 아니다. 상담을 해보면 많은 사람이 재무설계를 어렵게 생각하고 있다는 걸 느낀다. 하지만 자산관리표와 재무설계만으로도 돈에서 조금은 자유로워질 수 있다. 막연한 불안감이 사라지기 때문이다.

# 투자는 타이밍이라는 거짓말

'인생은 타이밍이다.'는 말이 있다. 그 순간 어떤 선택을 하느냐에 따라 인생이 180도 달라질 수 있다. 이렇듯 타이밍은 살아가면서 굉장히 중요하다.

투자에서도 마찬가지다. 투자는 인생에서 굉장히 중요한 선택 중 하나인 만큼 사람들은 좋은 타이밍을 잡기 위해서 노력한다. 타이밍에 따라 엄청난 수익을 올릴 수도, 엄청난 손실을 입을 수도 있기 때문이다. 오르면 팔았다가 떨어지면 사는 것을 반복하려는 것이다. 이렇게만 할 수 있다면 짧은 기간 안에 엄청난 부를 쌓을 수가 있다. 하지만 이런 절묘한 타이밍을 잡는다는 것은 신의 영역에 도전하는 것이다.

## 바닥과 꼭지를 맞춰라

투자한 사람은 "조금 더 오르면 팔 거야."라고 얘기하고, 투자를 시작하려는 사람은 "조금 더 내리면 살 거야."라고 얘기한다. 같은 곳에 투자하는데도 자기가 어떤 위치에 있는지에 따라서 생각이 다르다. 당신이 투자하고 있다면 과연 '조금'이 얼마라고 생각하는가?

많은 사람이 말하는 '조금'은 꼭지이고, 바닥이다. 떨어지고 있으면 더 떨어질 것 같아서, 오르고 있으면 더 오를 것 같아서 극과 극에서 사고팔려고 한다. 다시 말하지만, 인간이 신의 영역까지 넘보고 있는 것이다.

집값이 바닥이 어딘지 모를 정도로 떨어질 때가 있었다. 사람들 사이에서 "더 떨어지면 살 거야.", "야 이 등신아, 지금 집을 사면 어떻게 해." 등의 말이 오고 갔다. 모두 바닥이라는 타이밍을 잡으려고 한 것인데, 결국 돌아보니 '등신' 소리 들었던 사람이 아주 싸게 집을 샀고, 더 떨어지면 사려 했던 사람은 등신보다 더 비싸게 집을 샀다.

주식투자에서도 비슷하다. 어떤 사람이 즐겨보는 종목이 있다. 하지만 주가가 지지부진하다. 더 조정을 받으면 사려고 떨어지기만을 기다리고 있다. 그런데 어느 날 상한가를 치는 것이 아닌가. 이 사람은 상한가 치는 날 평소 보고 있던 주식을 매수했다. 왜 이런 선택을 했을까? 관심을 가지고 보고 있던 주식이 갑자기 급등하게 되면 더 오를 것 같은 생각이 들어 너무너무 사고 싶어지기 때문이다. '역시 내 눈은 틀리지가 않았어.'라고 속으로 외칠지도 모른다. 왜 급등한지에는 관심 없고 자신의 보는 눈이 정확하단 생각과 더 오르면 못 사지 싶은 조급함에 급하게 사고 싶은 것이다. 반대로 하한가를 치면 사고 싶어서 보고 있다가도 '역시 안 사기를 잘했어.'라고 쾌재를 부르며 사는 것을 포기한다. 언제까지 떨어질지 몰라 불안하기 때문이다.

이것이 타이밍을 맞추고 싶어하는 사람들의 심리이다. 왜 내가 그 부동산을 보고 있는지, 왜 내가 그 주식 종목을 보고 있는지 근본적인 이유를 알면 가격이 내려가면 더 좋아할 것이다. 그 물건, 그 종목의 가치를 알고 있다면 떨어진다는 것은 아주 좋은 기회이자 좋은 타이밍이기 때문이다.


## 타이밍만 생각하는 바보

"주식 종목 추천 좀 해주라."
"난 추천 같은 거 안 하는데."
지인들이 나에게 주식종목을 추천해달라고 많이 얘기한다. 하지만 난 잘 해주지 않는다. 이유는 수익이 나면 자기들이 잘해서이고, 손실이 나면 내가 추천을 잘 못해줘서라고 탓하기 때문이다. 같은 종목으로 같은 날 투자를 시작해도 수익이 나는 사람이 있고 손실을 보는 사람이 있다.

1년 전에 친한 친구가 하도 졸라서 내가 매수하려던 종목이 있어 추천을 해줬다. 난 1년이 지난 지금도 보유하고 있고, 운이 좋게도 수익이 100% 이상 나고 있다.(이런 급등은 순전히 운이라고 생각한다.) 하지만 그 중간 딱 한 번 급등과 급락을 반복하는 기간이 있었다. 아쉽게도 그 친구는 급등 때는 아주 좋아했지만, 급락 때를 버티지 못하고 손실을 보고 매도하고 말았다.

나의 사례에서 보듯 왜 그 종목을 선택했는지를 잘 알고 있는 사람은 손실이 나더라도 기다릴 수 있다. 하지만 단순히 추천받아서 산 사람은 손실이 나면 기다리지를 못한다. 언제까지 떨어질지 예측을 못 하기 때문이다. 결국엔 타이밍에 승부를 거는 것이다. 당장 한 번은 타이밍 잘 맞춰서 수익을 올렸다고 하더라도 그 뒤가 문제다. 그러면 자신의 실력이라는 착각에 빠지게 되고, 더 많은 돈을 투자한다. 결국, 잠시라도 하한가를 치면 버티지 못해 손실을 보고 팔고는 다시는 투자하지 않겠다고 말한다.

## 타이밍의 함정에 빠지지 않는 방법

"아, 일주일만 더 참았어도 100% 수익이 날 수 있었는데, 아까워죽겠네."

타이밍만 생각하는 바보들이 자주 하는 말이다. 결과론적으로 얘기하는 것이다. 일주일에 100% 수익이면 2~3일 정도는 상한가를 쳤다는 말이다. 과연 타이밍의 바보가 이것을 견딜 수 있었을까? 난 아니라고 생각한다.

타이밍의 함정에 빠지지 않는 가장 쉬운 방법은 분산해서 사고파는 것이다. 이 방법을 부동산에 적용하기란 쉽지 않다. 하지만 주식에는 적용할 수 있다. 가장 흔히 사용하는 방법이 3번에 걸쳐 매수, 매도를 하는 것이다. 매수하고 싶은 가격이 오면 30%씩 매수한다. 매도하고 싶은 가격에 도달하면 30%씩 매도한다. 자신만의 분산방법을 만든다면 올랐을 때의 아쉬움과 떨어졌을 때의 위험 부담감을 달랠 수 있다.

타이밍에 휘둘리지 않으려면 투자대상의 적정가격을 알아야 한다. 투자대상들은 마트에서 정찰가로 판매되는 물건들이 아니므로 적정가격을 알기는 쉽지 않다. 그래서 자신이 투자하고자 하는 대상의 적정가치를 알아보는 것이 가장 중요하다. 그것을 알기 위해 공부하는 것이고, 자신만의 투자 방법을 찾는 것이다.

많은 사람이 타이밍 잡기에 실패한다. 그리고 투자하지 않겠다고 한다. 나는 타이밍이란 단지 자기 마음을 위로하는 수단일 뿐이라고 생각한다. 타이밍에 연연하지 않는 가장 효율적인 방법은 자신이 원하는 수익률을 정해두고 그것을 꼭 지키는 것이다. 타이밍이 좋았다는 것은 단지 운이 좋았다는 것뿐이다. 그 운이 언제까지 따라다니지는 않을 것이다.

# 투자와 투기의 차이

사람들은 자신이 투자를 하는지 투기를 하는지 잘 모른다. "투자 중이세요, 투기 중이세요?"라고 물어보면 백이면 백 투자를 한다고 얘기한다. 투자는 이익을 얻기 위해 어떤 일이나 사업에 자본을 대거나 시간과 정성을 쏟는 것이고, 투기는 기회를 틈타 큰 이익을 보려고 하는 것이다. 하지만 일상생활에서는 투자와 투기의 정의를 구분하기가 쉽지 않다. 어떤 곳에 자본을 대기는 하지만 시간이나 정성을 쏟지 않으면서 큰 이익을 보려고 하기 때문이다.

강원랜드, 경마장, 부동산, 주식은 투자일까, 투기일까? 단순히 생각하면 강원랜드, 경마장은 투기이고, 부동산과 주식은 투자이다. 이것이 과연 정답일까?

구분하기가 참 어렵다. 종이 한 장 차이 정도 될 것이다. 〈현명한 투자자 핵심요약판〉에서는 "투자란 철저한 분석을 통해 원금을 안전하게 지키면서도 만족스러운 수익을 확보하는 것이다. 그렇지 않다면 투기다."라고 얘기한다. 결국, 원금을 지키고 수익을 올리기 위해선 자신이 지금 하고 있는 것이 무엇인지를 반드시 알 필요가 있다.

아무리 부동산과 주식에 투자한다고 하더라도 왜 하고 있는지 모르고 기회만 엿본다면 그것은 투기이다. 꼭 강원랜드를 가야, 경마장을 가야 투기가 아니다. 강원랜드와 경마장을 투기라고 하는 이유는 운에다 돈을 거는 것이고, 장기적으로 할수록 손실을 볼 확률이 크기 때문이다.

## 투기하지 말고 투자하라

내가 겪은 비슷한 투자처에서의 투자와 투기를 구분해보겠다. 나는 지금까지 두 번 중국펀드를 매수했다. 2007년에 미래에셋 인사이트 펀드에 가입했었고, 2014년에 중국본토펀드에 가입했었다. (인사이트 펀드는 중국펀드가 아니고 세계에 골고루 투자되는 펀드다. 하지만 가입 당시 대부분 자산이 중국에 투자되었기에 중국펀드라고 하겠다.) 단지 중국이 많이 오르고 있고, 많은 사람이 가입한다고 하니 앞뒤 가리지 않고 가입했다. 아무것도 모르고 주가가 폭등한다는 뉴스만 보고 마음이 급해져 덜컹 큰 돈을 맡겼다. 나는 나도 모르는 사이에 투기를 했던 것이다. 손실을 봤다고 투기라고 하는 것이 아니다. 내 생각은 전혀 없이 주변 상황만 보고 가입했기 때문이다. 투기의 사전적인 의미인 기회를 틈타 이익을 보려 하는 것과 완벽하게 일치한다.

이와는 반대로 2015년에 중국주가가 급등할 때는 많은 수익을 올렸다. 2014년부터 중국주가가 충분히 조정을 받았다고 생각하고 중국의 성장을 믿는 장기적인 관점으로 펀드를 매수했다. 하지만 단기적으로 너무 급등해서 나는 펀드를 환매했다. 후강퉁이 시행되면서 외국인들이 직접투자를 할 수 있게 되고, 선강퉁 시행 기대감으로 급등을 하는 것이었다. 단지 기대감으로만 오른다는 것은 가치와는 상관없는 일이다. 내 생각과는 다르게 움직인다는 판단이 들었고, 그 판단에 의해서 나는 과감한 결정을 할 수 있었다.

## 부동산은 투자, 주식은 투기?

우리 부모님 세대는 집은 빚을 내서라도 사고, 주식은 있는 돈으로도 하지 말라고 한다. 부동산은 투자요, 주식은 투기라고 생각하는 듯하다. 부동산은 내가 사는(live) 집이라는 생각이 강하기 때문에 투자로 본다. 가격이 오르지 않고 유지만 돼도 괜찮다고 생각한다. 하지만 주식은 사고파는 것이고 타이밍을 맞춰야 하는 것이라고 생각해서 투기로 본다. 또 주변에서 주식으로 돈을 벌었다는 얘기보다는 손실을 봤다는 얘기만 들었기 때문이다.

그런데 아이러니하게 주택을 구입할 때 자신의 돈 100%를 들여서 사는 사람은 보지 못했다. 대부분 집값은 대출로 충당한다. 그리고 집값이 올라도 쓸 돈이 많아지는 것도 아니다. 그런데 투자라고 얘기한다. 주식은 미수하는 사람들이 있긴 하지만 일반 사람들은 적은 돈으로 시작한다. 부동산처럼 수억 원을 빚을 내 하는 사람은 별로 없다. 부동산은 수억을 빚내 사더라도 투자라고 하고, 주식은 여유자금으로 해도 투기라고 얘기한다.

이제 세상이 많이 바뀌었고 투자의 흐름도 많이 바뀌었다. 예전에도 그랬지만 집값이 오르기보다 주식이 오를 확률이 높다. 부동산은 투자요, 주식은 투기라는 생각으로 단정 지어 벽을 만들지 말고 투자자산을 대하는 자신의 마음가짐을 잘 다졌으면 좋겠다.

## 모르고 가입하면 보험도 투기다

"이거 보장은 보장대로 받고 만기 되면 다 돌려준대요. 정말 좋지 않나요?"

보험가입도 투기가 될 수 있다. 가입할 여력도 안 되면서 질병에 걸릴까 겁이 나서 가입하는 보장성 보험, 내 몸이 아프거나 다치거나 죽는 데 투자하는 것이다. 이것을 투자라고 해야 할까? 그리고 가장 큰 투기 중의 하나가 보험설계사 말만 듣고 연금이나 저축성 보험에 가입하는 것이다.

연금과 저축성 보험이 왜 투기냐고 반문할 수도 있을 것이다. 연금이나 저축성 보험은 절대 투기적인 상품은 아니다. 하지만 아주 장기적으로 가입하는 상품임에도 왜 가입하는지, 자신에게 꼭 필요한 상품이 맞는지 고민하지 않는 게 문제다. 대부분 연금이나 저축성 보험을 자기 생각보다는 보험설계사의 말에 취해서 가입하기 때문에 투기라고 하는 것이다. 그리고 시간이 지나면서 왜 가입했는지 목표가 흐릿해져서 손해를 보고 한다면 강원랜드나 경마장을 다녀온 것과 뭐가 다르단 말인가.

## 오르면 투자? 떨어지면 투기?

2008년 금융위기 때처럼 주식과 부동산의 가격이 폭락한다. 이때 매수를 한다는 건 투자로 볼 것인가, 투기로 볼 것인가? 결과론적으로 봤을 땐 아주 훌륭한 투자이다. 하지만 그 당시에 이런 훌륭한 투자처에 당신의 전 재산을 넣으라고 누군가 조언했다면 어떤 생각이 들었을까? 바로 미친놈이라는 말했을 수도 있다. 이렇듯 사람들은 폭락으로 아주 매력적인 가격이 되었을 땐 '위험하다', '투기다'라고 말하고, 폭등해서 너무 높다 싶을 때 비로소 이제 안전한 투자라고 인식하는 경향이 강하다.

그 이유가 투자대상이 오르든 내리든 자기 생각으로 판단하지 않고 주변의 분위기, 다른 사람의 생각으로 판단하기 때문이다. 계속 이렇게 한다면 평생을 가더라도 투자는 할 수가 없고 투기만 하게 될 것이다. 그리고 항상 불안하고, 투자 시점에 자신의 모든 기준을 맞춰서 생각하려고 한다.

진짜 투기를 하고 싶다면 없어져도 될 돈, 생활에 크게 영향을 미치지 않는 돈으로 재미삼아, 경험 삼아 하기를 바란다. 그러면 아마 아주 귀중한 자산으로 돌아올 것이다.

평생 투자는 자기 생각으로 자신이 중심이 되어서 판단할 수 있을 때 비로소 시작되어야 한다. 투자와 투기는 동전의 양면과도 같다. 어디까지가 투자인지, 어디까지가 투기인지를 잘 구분만 할 수 있어도 투자의 반은 성공한 것은 아닐까?

# 분산투자를
## 잘하는 방법

투자전문가가 아닌 사람들에게 분산투자의 중요성은 입이 닳도록 말해도 아깝지가 않다. 짧은 기간에 큰돈을 벌기 위해선 집중투자가 필요하다. 진짜 투자를 잘하는 사람은 분산투자하지 말고 집중투자하라고 한다.

워런 버핏은 "최고의 사업에 집중투자하라."라고 얘기했다. 하지만 집중투자는 그만큼 위험도 크다. 워런 버핏 같은 투자의 대가들은 그 방법도 잘 쓸 수 있겠지만, 투자전문가가 아닌 대부분 사람은 한번에 높은 수익을 바라는 것보다 위험을 분산시키는 편이 좋다. 최악의 수익률은 피할 수 있기 때문이다.

## 초보라면 반드시 분산투자로 시작하라

분산투자라고 하면 단순히 많은 주식 종목을 고른다든지 펀드에 나눠서 가입하는 것이 아니다. 주식 종목을 선택하더라도 서로 연관성이 떨어지고 펀드에 가입하더라도 마찬가지다. 국외와 국내, 주식과 채권, 가치주와 성장주를 섞어서 하는 것을 분산투자로 볼 수 있다. 가장 좋은 건 상관계수가 음(-)인 것들에 투자하는 것이다.

예를 들면 한국주식을 가지고 있는 사람은 미국 달러를, 서울 경기 지역의 아파트를 가지고 있는 사람은 미국 주식을 사는 것이 아주 좋은 분산투자가 될 수 있다. 부자들이 해외주식에 많은 관심을 가지는 이유이기도 하다. (홍춘옥 저, 〈환율의 미래〉 참조)

이런 것들은 차치하더라도 일반인들이 가장 쉽게 할 수 있는 분산투자가 있다. 바로 시간을 분산하는 것이다. 쉽게 얘기하면 매월 적립식으로 투자하는 것이다. 이렇게 하면 주가가 비싸면 적게, 싸면 많이 사지는 효과가 있다. 매월 하는 적립식 펀드가 시간분산의 대표적이라고 할 수 있다. 펀드뿐만 아니라 조금 더 신경을 쓴다면 주식도 적립식으로 가능하다.

분산투자를 하든 집중투자를 하든 투자자의 성향에 따라 달라지기 때문에 정답은 없다고 생각한다. 다만, 본업이 있는 사람들은 분산투자했을 때 위험성은 줄이면서 상대적으로 높은 수익률을 올릴 수가 있다.


## 분산투자가 안전한 이유


분산투자는 수익성보다는 안정성에 초점을 맞춘다. 한 종목에 집중투자한 사람이 100% 수익이 나면 전체 수익률이 100%가 된다. 자산이 두 배가 되는 것이다. 하지만 다섯 종목에 분산투자를 한 사람이 한 종목에서 100% 수익이 나고, 나머지가 원금 그대로라면 전체 수익률은 20%밖에 되지 않는다. 100%의 수익률을 보다가 20%라고 하니까 너무 적은 수익률로 보인다. 이래서 수익이 날 때 집중투자를 한다면 짧은 기간 안에 큰 수익을 누릴 수가 있다.

반대로 생각하면 완벽히 다른 결과를 볼 수 있다. 일반투자자는 높은 수익률보다 반대의 결과에 더 많은 신경을 써야 한다. 짧은 기간 안에 많은 수익은 운이 따라줘야 한다.

한 종목에 투자했다가 -100%가 돼버리면 빈털터리가 되는 것이지만, 다섯 종목을 가지고 있다가 한 종목이 -100%가 되고 나머지 종목이 원금만 지켜줘도 수익률은 -20%밖에 되지 않는다. 투자하면서 -20% 정도는 충분히 나올 수가 있다. 자금이 있다면 언제든지 다시 회복하고 성공할 수 있다.

## 해외투자는 신중히

우리는 한국에 살고 있기 때문에 한국에서 벌어지는 일들은 뉴스나 신문을 통해서 잘 알 수 있다. 하지만 미국 등 다른 나라에서 일어나는 일들은 언론을 통해서도 속속들이 전해 듣기 힘들다. 투자의 한계가 있다는 말이다.

2007년 10월 미래에셋에서 인사이트 펀드를 출시했다. 펀드의 운영방식은 이름에서 알 수 있듯이 통찰력을 바탕으로 한발 앞서 세계를 선도하는 시장을 찾아간다는 것이었다. 그당시 세계경제는 호황을 맞고 있었기에 어떤 투자를 하더라도 돈을 벌 수밖에 없게 보였다.

중국종합주가는 2005년 약 1.000포인트에서 2007년 10월 6,100포인트까지 수직상승 했었는데 인사이트 펀드의 대부분 자산이 중국에 투자되었다. 나도 긴 줄을 서가며 인사이트 펀드에 가입했고, 여드레 동안 약 1조 원의 돈이 몰렸다고 하니 그 열기는 어마어마했다. 하지만 2007년 10월 인사이트 펀드 출범과 동시에 중국종합주가는 꼭지를 찍었고 결과는 반 토막이었다. 나도 거의 50% 정도 손실을 보고 환매했다. 회복하는 데 7년이 걸렸다고 하니 대부분 사람은 손실을 보고 환매했을 것이다.

분산투자의 일원으로 해외투자하면 좋지만 무턱대고 하면 안 된다는 것을 뼈저리게 느꼈다. 그때 난 결혼 때문에 어쩔 수 없이 손실을 보고 환매했지만, 결혼이 없었더라도 인사이트 펀드에 대한 정보가 부족해서 투자를 계속하기는 힘들었을 것이다.


## 분산투자하는 딸 계좌


나의 투자계좌와 딸 연우의 투자계좌를 보면 색깔이 확연히 나뉜다. 내 계좌는 집중투자에 가깝다. 주식 한두 종목에 집중되기 때문이다. 하지만 딸 연우의 계좌는 다르다. 나의 투자기간보다 2~3배는 더 길게 아주 장기적으로 투자할 수 있기 때문에 철저하게 분산투자를 한다.

아직은 연우 계좌를 보면 분산투자를 잘하고 있다는 생각이 든다. 한두 종목의 수익률이 단연 높지만, 전체적인 수익률은 높지 않다. 반대로 생각하면 한 종목이 망해도 전체 수익률은 크게 낮아지지 않는다. 내가 생각했던 대로 1년에 10%의 수익률을 만들어가고 있다. 그럼 연우가 12살이 되면 자산이 두 배가 된다. 72법칙에서 30세에 5천만 원이라고 했는데 이대로만 간다면 시간을 두 배나 앞당길 수 있다. (딸 계좌 운용상태는 내 블로그에서 확인할 수 있다. http://blog.naver.com/freeljh)

## 그럼에도 불구하고 분산투자하라

많은 사람이 짧은 기간에 최대한의 이익을 누리려고 한다. 짧은 기간에 큰 수익을 노리려면 집중투자를 해야 한다. 하지만 집중투자를 유지하기가 쉽지 않다.

'철수는 A펀드와 B펀드 사이에서 어떤 것에 가입할지 고민한다. 결국 A펀드에 가입했는데 B펀드의 수익률이 더 높다. 조금 지켜보던 철수는 A펀드를 환매하고 B펀드로 갈아탄다. 이번에는 A펀드의 수익률이 올라간다. 또다시 A펀드로 갈아탄다. 다시 B펀드가 상승을 시작했다.'

대부분 사람이 이런 식의 집중투자를 선택하고 있다. 최고의 투자처를 찾기 위해서 노력은 하지만 결국엔 운이 따라야 한다. A펀드와 B펀드에 분산투자했다면 어땠을까? 큰 신경을 쓰지 않아도 왔다갔다한 철수보다 많은 수익을 올렸을 것이다.

현직에 있으면서 비슷한 것들을 자주 경험한다. 펀드변경이 수월한 변액유니버셜보험으로 2.000포인트에 팔고 1,800포인트에 살려고 하는 신의 영역에 도전하는 사람들이 많다. 몇 번은 맞힐 수 있을지 모른다. 하지만 경험적으로, 역사적으로, 큰돈은 벌 수가 없다는 것을 잘 안다.

처음 돈 공부를 시작하고 투자를 시작할 때 분산투자는 최강의 무기가 될 수 있다. 많은 돈이 필요하지도 않고 비교적 안전하다. 최강의 무기를 더 강력한 무기로 만들기 위해서는 장기투자라는 담금질이 필요하다.

장기투자라는 것이 펀드, 주식 등 투자자산을 매수했다고만 되는 것은 아니다. 충분히 경제상황을 보면서 배우면서 투자해야 한다. 초보들에게 분산투자는 선택이 아니라 필수이다. 하지만 원칙 없이 단순 나누기식의 무분별한 분산투자는 권하지 않는다. 신경만 분산될 뿐 크게 이로운 점이 없기 때문이다.

# 대대로 물려주는 금융상품 활용법

이 장에서는 이 정도만 잘 알아도 크게 실패하지 않을 투자 방법에 대해서 말하고자 한다. 내가 처음 투자를 시작했던 시점부터 지금까지 해왔거나, 지금도 투자 중인 방법, 부자들의 공통적인 투자방법 등에 대해서 설명할 것이다. 실패했던 내용에 대해선 앞에서 많이 다뤘다. 그런 실패를 거치면서 압축한 방법 정도로 생각해주면 좋겠다. 단, 나의 투자방식이기 때문에 이 책을 읽는 모든 독자에게 적용될 수 있을 거라고는 생각지 않는다. 다만, 이런 식으로 투자하니까 큰 손실은 보지 않았다는 것만 참고해주길 바란다.

돈 공부란 것이 끝이 없는 듯하다. 알면 알수록 어려워진다. 하지만 전문가가 아니라서 더 나은 수익을 낼 수도 있다. 내가 생각하는 것은 누구나 할 수 있는 그런 투자이다. 투자자로서가 아닌 세 아이의 아빠로서도 충분히 이해하고 할 수 있는 방법들이라고 생각한다. 투자에 대한 자신만의 원칙만 정리된다면, 큰 실패 없이 투자할 수 있다. 나의 자라나는 세 아이에게도 이 방법을 전해줄 것이고 같이 할 것이다.

# 투자의 기초,
## 인덱스펀드

은행보다 나은 수익률을 올리려면 어떻게 해야 할까? 처음 투자를 시작하는 사람들은 대체적으로 이런 고민을 할 것이다. 주식, 부동산, 펀드 등 많은 투자처를 생각할 수 있다. 그중 시간적인 여유가 없고 가입이 간편한 펀드투자를 생각하는 사람들이 많다. 펀드는 금융지식이 많은 금융전문가가 자산을 운용을 해주니 믿고 맡길 수가 있다. 그리고 필요하면 언제든지 해지할 수 있고, 주가 하락으로 인한 손실을 제외하고는 크게 불이익을 당할 일이 없다.

나 역시 처음 투자를 시작했을 땐 주식투자와 펀드투자를 병행했었고, 지금도 일부는 펀드에 투자되고 있다. 그럼 펀드투자를 할 때 알아야 할 것은 무엇이고 어떤 점을 주의 깊게 봐야 하는지 알아보자.

## 펀드 선택 방법

막상 펀드를 가입하려고 하면 수많은 종류의 펀드 때문에 어떤 점에 중점을 두고 가입해야 하는지 고민스럽다. 펀드닥터(http://www.funddoctor.co.kr/)나 금융투자협회 펀드공시(http://dis.kofia.or.kr/)를 활용하면 많은 정보를 얻을 수가 있다.

가장 먼저 얼마 동안 펀드에 가입하고 유지할 것인지를 결정해야 한다. 기간을 생각하지 않고 가입하면 손실이 났을 때 해지해야 하는 상황이 발생할 수도 있다. 기간이 짧거나 기간을 정하지 못한다면 펀드투자는 미루는 것이 좋다. 단기적으로 좋은 수익이 날 수도 있지만, 그건 운의 영향이 크기 때문이다.

기간이 정해졌다면 수많은 펀드 중에 나에게 맞는 펀드를 골라내야 한다. 먼저 펀드에 가입하고 있는 사람들의 추천을 받아보자. 이 방법이 가장 수월하다. 그게 안 된다면 펀드정보평가 사이트에 접속하여 펀드의 수익률을 확인한다. 3년, 5년 정도의 수익률을 확인하고 꾸준히 성과를 올리고 있는 설정 규모가 어느 정도 되는 펀드를 골라내자. (설정규모가 50억 이하로 작은 자투리펀드들은 나의 의사와는 상관없이 정리될 수 있다.)

10개 정도의 펀드를 선택했다면 그 펀드를 운용하는 펀드매니저와 펀드유형을 확인해야 한다. 하나의 펀드를 얼마 동안 운용하는지 이직이 잦지는 않는지, 어떤 곳에 투자하는지 확인한다. 펀드매니저가 바뀌면 펀드의 색깔도 바뀔 수 있으니 아주 중요한 문제이다. 단기 투자에는 펀드매니저가 누구든 큰 문제가 되지 않는다. 2015년엔 어떤 중국펀드를 가지고 있더라도 높은 수익을 냈으니 말이다.

그리고 수수료를 확인하고 그 펀드가 보유하고 있는 회사(종목)를 확인하는 순으로 펀드를 검증하면 된다. 순서는 어느 정도 바뀌어도 상관이 없다.

내가 개인적으로 펀드를 고를 때 가장 중점에 두는 것은 펀드유형, 펀드매니저, 수수료이다. 이 정도만 반복하더라도 꽤 괜찮은 펀드를 골라낼 수 있다. 그리고 일정 시간이 지나면 펀드를 골라내는 자기만의 방법이 생길 것이다.


## 펀드는 너무 어려워

사람들이 일반 펀드에 투자하는 이유가 무엇인지 물었을 때 찰스 슈바프는 이렇게 대답했다.

"게임을 벌이는 것이 재미있으니까요. 우승마를 골라내려고 하는 것은 인간의 본성입니다. 그러나 나는 평균적인 사람이기 때문에 인덱스 투자를 더 좋아합니다. 예측 가능성이 아주 높거든요. 10년, 15년, 20년이 지나도 항상 상위 15% 안에 들어갑니다. 투자를 망칠 이유가 없지 않습니까?"



좋은 펀드를 골라내는 방법이 너무 어렵다고 생각하는 사람들이 많다. 사실 귀찮기도 하고 단기적으로 결과를 볼 수 있는 것이 아니어서 이리저리 알아보는 것이 번거롭다고 생각하는 사람들이 있다. 이럴 때 할 수 있는 것이 시장평균을 사는 인덱스펀드에 투자하는 것이다. 대강 골라도 평균은 하기 때문이다.

인덱스펀드는 어쩌면 지겨울지도 모른다. 2008년 미국발 금융위기가 터지고 난 후 종합주가 900포인트부터 2,000포인트까지 오를 때 가입한 사람이라면 지겨울 틈 없이 자산이 불어났을 것이다. 하지만 그 이후 1800~2,000포인트의 박스권에서 벗어나질 못하고 있으니 지겨울 만하다. 물론 치고 빠지고를 잘하는 사람들은 이때도 많은 수익을 냈다고는 하나 나와는 거리가 멀다. 난 신의 영역에는 도전하지 않으니 말이다.

장기적으로 투자할 땐 인덱스펀드를 이길 수 있는 펀드가 많지 않다고 얘기한다. 이를 뒷받침할 근거를 어렵지 않게 찾아볼 수가 있다. 이유는 수수료가 저렴하기 때문이다. 장기적인 투자를 할 땐 1~2% 수수료를 무시할 수가 없다. 앞에서 다뤘으니 알 것이다. 그러나 우리는 최고의 펀드를 골라내려고 하고, 할 수 있다고 생각한다. 조금이라도 높은 수익률이 나오는 펀드를 찾고, 조금이라도 수익이 나거나 손실이 나면 해지한다.

견딜 수만 있다면 세계 각국의 인덱스펀드에 분산투자 하는 것도 아주 좋은 방법이다. 한국, 미국, 중국 등 세계 각국의 모든 주식을 보유하게 될 것이다. 지구가 사라지지 않는 이상 자산은 안전하게 성장할 것이라고 생각한다.

또 하나의 예를 들자면 지금 인간과 로봇의 주식 실전투자대회가 진행 중이다. 6개월의 기간을 두고 세 개의 로보어드바이저와 세 명의 펀드매니저가 수익률 대결을 펼치고 있는데 그 벤치마크에 코스피200이 있다. 약 4개월이 지난 지금 플러스 수익률을

> **펀드구분**
> 펀드를 크게 나눈다면 인덱스펀드와 액티브펀드가 있다. 액티브펀드는 펀드매니저가 수익이 날만한 종목을 적극적으로 발굴하고, 적절한 시점에서 매매한다. 대부분 펀드가 액티브펀드에 해당한다. 시장수익률보다 높은 수익률을 올리는 것을 목표로 두고 있다. 펀드매니저의 시장을 보는 눈과 판단력에 따라 성과가 많이 달라진다. 하지만 장기적으로 운용됐을 때 대부분 시장수익률보다 못한 성과를 올렸다. 이유는 펀드를 운용하는데 수수료가 인덱스펀드보다 많이 발생했기 때문이다.
>
> **인덱스펀드** : 주가지표(코스피 또는 코스피200)의 변동과 동일한 투자성과의 실현을 목표로 구성된 포트폴리오.
> **액티브펀드** : 시장수익률을 초과하는 수익을 올리기 위해 펀드매니저들이 적극적인 운용전략을 펴는 펀드를 말한다.
>
> (참고:두산백과)

기록하고 있는 건 하나의 로보어드바이저와 코스피200밖에 없다. 결국은 6개의 펀드 중 하나를 잘 고르려고 노력하는 것보다 고민 없이 코스피200에 투자하는 게 더 나을 수도 있다는 것이다.

인덱스펀드를 할 때 가장 어려운 것은 단 한 가지, 바로 끝까지 보유하는 것이라고 한다.

# 은행이자보다 높은
# **배당주**
# **투자**

　시장금리가 높을 때는 배당을 주는 상품에 투자할 생각을 하지 않았다. 하지만 시장금리가 1%대에 머무르는 지금엔 매년 꾸준히 은행이자보다 높은 배당을 주는 곳에 투자하고 있다. 주가가 오르지 않아도 배당만으로 은행이자보다 높은 수익을 올릴 수 있고, 주가까지 올라준다면 일석이조의 효과를 누릴 수 있기 때문이다. 장기적으로 봤을 때도 큰 손실의 위엄을 떨쳐버릴 수 있는 아주 매력적인 투자처다.

　배당은 기업이 벌어들인 돈을 주주들에게 나눠주는 것을 의미한다. 배당을 꾸준히 주는 기업이라면, 그 기업은 꾸준한 성과를 내고 있다는 뜻으로도 해석할 수 있다. 하지만 갑작스럽게 높은 배당을 주는 것은 주의 깊게 살펴볼 필요가 있다.

배당투자처는 펀드, ETF, 주식 등이 있다. 앞 장에서 인덱스 펀드를 알아봤으니 이번에는 누구나 쉽게 할 수 있는 ETF에 대해서 알아보자. ETF는 주식처럼 매매할 수 있는 펀드로 생각하면 이해가 빠를 듯하다.

## ETF 확인사항

초보투자자들도 펀드 외에 아주 쉽게 할 수 있는 것이 ETF다. 증권계좌만 있다면 펀드를 주식처럼 손쉽게 사고팔 수 있다. 주식처럼 너무 많은 종목분석을 하지 않고 자산운용사에서 제공하는 정보들만 잘 확인해도 괜찮은 상품을 선택할 수가 있다.

중요하게 살펴볼 것은 기초지수, 운용방법, 총보수 정도이다. 그리고 기초지수는 어떻게 설정하는지 상세히 살펴볼 필요가 있다. 기초지수에는 산출기관, 지수개요, 구성종목, 산출방식 등 아주 중요한 정보들이 들어 있다. 자산운용사의 홈페이지에 들어가면 상세하게 확인할 수 있으니 투자 전에 반드시 확인해야 한다.

ETF는 펀드처럼 운용되지만, 펀드대비 수수료가 저렴하다는 장점을 가지고 있다. 하지만 너무 잦은 매매를 한다면 이 장점도 단점으로 다가올 수 있으니 주의해야 한다.

## 고배당 ETF와 배당성장 ETF

배당ETF를 공부하다 보면 고배당 ETF와 배당성장 ETF가 있음을 알 수 있다.

고배당 ETF는 통상 배당수익률이 높은 종목을 담고 있다고 보면 된다. 내가 관심을 가지고 지켜봤던 KOSEF 고배당 ETF는 기초지수로는 MKF웰스 고배당20을 추종한다. 이외에도 몇 가지 고배당 ETF가 더 있고, 기초지수도 모두 다르다. 기초지수가 다르므로 구성 종목을 꼭 확인할 필요가 있다. 고배당 ETF라고 해서 다 같지 않다는 말이다.

ETF에서는 배당금을 분배금이라고 표현한다. KOSEF 고배당 ETF 분배금이 약 2.61%(2015년, 세전 기준) 지급되었다. 고배당 종목들은 시장의 상황보다 보수적으로 움직이는 종목들이 많다. 장기적으로 안정적인 배당수익을 생각한다면 고배당 ETF를 선택하는 것도 하나의 방법이 될 수 있다.

배당성장 ETF는 단순 고배당을 주는 것이 아니라 주당 순이익 성장률이 높은 종목을 담고 있다. 기초지수로는 대부분 코스피 배당성장50을 추종한다. 분배금이 약 2%(2015년, 세전 기준) 지급되었다.

자산운용사 홈페이지와 주식거래 HTS를 확인하면 기초지수에 편입된 구성종목과 편입비중을 확인할 수 있다. 엄격한 기초지

수요건을 충족하는 종목들이기 때문에 이 종목들을 잘 분석하면 주식투자로까지 이어질 수 있다.

처음 배당투자를 생각하는 사람이라면 ETF를 활용하는 것도 아주 좋은 방법이 될 듯하다.

### 배당주 투자

배당의 종류는 연말배당, 중간배당, 분기배당으로 나뉜다. 보통 배당이라고 하면 연말배당을 말한다. 배당을 받기 위해선 반드시 알아야 하는 것이 있다. 바로 배당금을 받을 수 있는 권리를 가지는 배당기준일과 배당락이다.

통상적으로 12월 31일을 기준으로 주주명부에 등록된 주주들에게 배당을 시행하게 된다. 이 배당기준일에 주식을 가지고 있으면 배당을 받을 수 있다.

우리나라는 주식을 산 후 3거래일에 대금결제가 이뤄지고 있어, 2015년 기준으로 봤을 때 28일까지 매수한 사람들은 배당을 받을 수 있었다. 배당기준일이 30일이라고 해도 29일이나 30일에 주식을 매수한다면 배당을 받을 수가 없다.

| 15년 12월 28일 | 29일 | 30일 | 31일 |
| --- | --- | --- | --- |
| D-2<br>매수 마지막일 | D-1<br>배당락 | D-Day<br>배당기준일 | 휴장일 |

주주총회를 거쳐 배당이 결정되고 4월에서 5월이면 배당금이 들어온다.

배당투자를 한다면 이 배당금을 생활비로 쓸 수도 있을 것이고, 재투자할 수도 있을 것이다. 배당투자의 진정한 묘미는 배당재투자라고 생각한다. 물론 연세가 있으신 분들은 생활비로 사용하겠지만, 그것이 아니라면 배당재투자를 하길 바란다.

배당받은 금액으로 다시 그 주식을 사고, 그 주식의 주가가 상승하면 다시 배당한다. 처음엔 크게 느껴지지 않을지라도 시간이 갈수록 수익이 커질 수밖에 없다. 과장해서 표현한다면 '황금알을 낳는 거위' 정도 되지 않을까?

복리의 힘을 기억하는가? 원금, 수익 모두 복리로 불어나지만, 배당금도 복리로 불어난다. 시간이 지날수록 자산이 불어날 수밖에 없는 구조다. 이것이 바로 이기는 투자가 아닐까 생각한다.

정부에서도 배당소득 증대세제를 마련하는 등 기업에게 고배당을 유도하는 정책을 펴고 있다. 최근 1~2년 동안 배당주의 주가상승률이 상당이 높았다. 앞으로도 계속 높을지는 알 수 없지만 배당주 투자는 공부할 만한 가치가 있다고 생각한다.

아직 배당투자에 관한 책들이 많지 않으니 찾아서 모두 한 번 읽어보는 것도 좋은 방법이다.

개인적으로 배당투자 공부는 피트 황의 블로그와 강의를 많이 활용하고 있다.

**ETF** 상장지수펀드로 특정지수를 모방한 포트폴리오를 구성하여 산출된 가격을 상장시킴으로써 주식처럼 자유롭게 거래되도록 설계된 지수상품. (참고: 지식경제용어사전)

**배당기준일** 기업에서 배당지급 의사결정이 있을 경우 이러한 배당지급을 받기 위해 주주가 자신의 주권(shares)을 공식적으로 보유하고 있어야 하는 마지막 날을 배당기준일이라고 한다.

**배당락** 배당기준일이 경과하여 배당금을 받을 권리가 없어지는 것

**MKF웰스고배당20 지수 선정방법**

- 코스닥을 포함한 종목 중 배당성향 90% 미만 종목
- 4년 연속 당기순이익 흑자 종목
- 4년 연속 보통주 현금배당이 없는 종목 제외
- 1개월/3개월/6개월 일평균 거래금액 최소값 15억 이상인 종목 중 배당수익률 상위 20개 종목

**코스피배당성장50 지수 선정방법**

유가증권시장 상장종목 중, 다음의 요건을 충족하는 종목을 이익성장률 순으로 편입

- 시가총액 상위 50%
- 거래대금 상위 70%
- 7년 연속 배당실현
- 최근 주당배당금 성장
- 5년 평균 배당성향 60% 미만
- 5년 연속 순이익 실현

# 평생의 동반자
## 보험
### 제대로 알아라

당신은 보험을 무엇이라고 생각하는가? 누군가 옆에서 하나 가입하라고 해서 가입했는가, 아니면 꼭 필요하다는 생각이 들어서 가입했는가? 반드시 후자이기를 바란다.

세상이 많이 바뀌었음에도 보험에 가입하는 동기와 목적은 아직 우리 부모세대 수준을 벗어나지 못한 듯하다. 친구가 보험을 해서, 엄마가 가입하라고 해서, 옆에서 좋다고 하니까.

보험은 인생에 있어서 꼭 필요한 상품임에는 틀림이 없다. 하지만 많은 사람이 보험의 중요성을 잘 인식하지 못한다. 그래서 보험에 가입했다가 손해를 보는 일이 비일비재하다.

보험은 보험설계사를 돕기 위해서 가입하는 상품이 아니다.

부모의 강요 때문에 가입하는 상품도 아니다. 금융상품 중 보험상품만큼 장기적으로 유지해야 하는 상품도 드물다. 장기적으로 유지해야 하는 상품인 만큼 철저히 알고 가입해야 가입에 따른 손실을 없앨 수가 있다.

이 장에서는 보험에 대해 큰 그림을 그려보도록 하겠다. 보험에 대해 잘못 알고 있으면 나의 가정, 나의 자산이 흔들릴 수 있다. 집이 나를 지켜주는 안식처인 것처럼 보험도 마찬가지이다.


## 보험가입의 목적은 보장이다


보험은 크게 보장성 보험과 저축성 보험으로 나뉜다. 우리가 꼭 알아야 하는 보험은 보장성 보험이다. 저축성 보험은 자산가들이 가입하는 보험으로 한정하는 것이 좋다.

"이거 왜 가입했어요?"

"아~ 친구가 이번에 보험사에 들어갔는데 하나 해달라고 해서요.",

"엄마가 사인하라고 하던데요."

상담하면 가장 많이 듣는 말 중 하나이다. 이렇게 해서는 평생 보험가입에 실패할 수밖에 없다. 보험은 참 어렵고 복잡한 금융상품이다. 보험에 가입할 땐 꼭 하나만 기억하자. "보험의 주목적은 보장이다."

주목적이 무엇인지만 잘 알아도 보험뿐만 아니라 금융상품 가입으로 인한 실패를 줄일 수 있을 것이다.


### • 실손의료보험

돈을 모아가고 불려갈 때 가장 중요한 보험이다. 흔히 실비라고 불리는 상품이다. 병원에 가서 단순 건강검진이 아닌 치료를 목적으로 한다면 대부분 보장을 받을 수가 있다. 실손의료보험은 포괄주의라서 보상하지 않는 사항만 잘 확인해두면 된다. 보험으로 사기 칠 것이 아니라면 외울 필요는 없고 필요시 약관을 확인하면 된다. 국민건강보험에 가입한다고 생각하고 무조건 가입하는 게 좋다. 가입 전 병원 치료를 받거나 약을 복용하고 있다면 별거 아니라고 생각한 질병과 상해인데도 부담보가 걸린다거나 가입 거절이 될 수도 있다. 그래서 가장 건강할 때(어릴 때) 가입하는 게 유리하다.

모든 실손의료보험은 갱신형 상품이 아니어서 나이가 상승함에 따라서 보험료 인상은 불가피하다. 인상률을 줄이기 위한 대책들이 나오고 있지만, 아직 큰 영향을 주지 못하고 있다.


### • 3대 진단금

우리나라 성인들이 가장 많이 걸리는 3대 질병이 암, 뇌졸중,

급성심근경색이다. 가장 많이 걸리는 질병이기도 하고, 치료비도 많이 드는 질병인 만큼 꼭 가입하길 권한다. 암은 3명 중 1명이 걸린다는 통계도 있다. 뇌졸중은 심각한 후유장해를 동반할 수도 있다. 보장범위를 보면 대체적으로 손해보험사 상품이 생명보험사 상품보다 더 넓어 유리하다. 모든 상품이 그런 것은 아니니 잘 확인하고 가입해야 한다.

### • 종신보험

생명보험사에서만 판매하는 사망의 이유를 따지지 않고 사망보험금을 주는 상품이다. 가장의 사망에 따른 위험을 보장하기 때문에 너무 젊었을 때 큰 금액에 가입하는 건 추천하지 않는다. 여유가 있다면 부담이 안 되는 금액 내로 가입하는 건 괜찮지만 딱 주계약인 사망담보만 가입하길 바란다. 각종 특약들은 되도록 손해 보험사 상품을 활용하는 것이 좋다. 자산이 10억 이상이라면 상속 수단으로 생각하는 것도 하나의 방법이다.

돈이 없어서 가입을 못 한다고 상심하지는 마라. 정기보험을 활용해도 되고, 손해보험사의 질병사망과 상해사망을 잘 활용해도 충분한 효과를 누릴 수가 있다.

### • 가입 시 유의사항

보험에 가입하는 사람은 보험사로 알려야 할 사항이 있다. 보험금을 지급 받을 일이 발생했을 때 보험금 지급 관련 분쟁이 일어나는 경우가 있는데 대부분 아래의 경우를 알리지 않아서일 때가 많다. 기본적으로 3개월, 1년, 5년만 알고 있어도 도움이 된다.

1) 3개월 이내에 의사로부터 진찰 또는 검사를 통한 의료행위

2) 1년 이내에 의사로부터 진찰 또는 검사를 통하여 추가검사
나 재검사

3) 5년 이내에 입원, 수술, 계속하여 7일 이상 치료, 계속하여
30일 이상 투약에 해당이 된다면 꼭 알려야 한다.

다른 것도 많지만, 이것이 가장 중요하다.


**• 설계사 선택법**

보험은 해지하면 금전적으로 무조건 손해를 본다. 한 번 가입하면 평생을 가지고 가야 하는 상품인 만큼 배우자를 선택하듯 심사숙고해서 골라야 한다. 남자(여자)친구가 선물을 많이 준다고, 부모가 하라고 한다고, 친구들이 하니까 결혼하는 사람은 없을 것이다. 보험이 바로 평생을 함께하는 배우자다.

1) 많은 설계사를 만나봐라. 반드시 차이가 있기 마련이다.

2) 선물 준다는 설계사는 피하라. 당장은 받으면 좋겠지만 이런 설계사일수록 실력이 떨어진다. 세상에 공짜는 없다.

3) 설계사의 포트폴리오를 요구하라. 예를 들면 블로그 운영이 가장 쉬운 예이다. 설계사가 신입이라면 그의 관리자 포트폴리오를 요구하라. 어떤 식으로 고객이 관리되고 있는지 꼭 확인하는 것이 좋다.

### • 담보(특약) 선택 시 주의사항

보험은 내 가족과 자산을 지켜주는 마지막 보루이다. 큰 틀에서 생각해야 한다. 담보(특약) 선택 시 적은 보험금이 지급되는데 많은 보험료를 내는 담보가 있고, 많은 보험금이 지급되는데 적은 보험료를 내는 담보가 있다.

예를 들면 이런 경우이다.

입원 일당 1만 원 가입 시 한 달 보험료 5천 원

5대장기이식수술 2천만 원 가입 시 한 달 보험료 100원

입원일당은 많은 사람이 지급받는다. 아마 보험에 가입하고 있을 동안 한 번쯤은 받을 수 있을 거라고 생각한다. 누구나 쉽게 받을 수 있고, 지급도 많이 되고 있어서 보험료가 비싸다. 5대장기이식수술비는 보험금을 받는 일이 드물다. 그래서 보험료가 싸다.

장기이식수술을 해서 30일을 입원했다고 가정한다면 입원비

로 나오는 30만 원은 없어도 상관없겠지만, 수술비 2천만 원이 없다면 큰 부담으로 다가올 수가 있다. 보험은 유사시에 나의 가정을 지켜주는 것이다. 보험가입 시 납입보험료가 고민된다면 지급 확률은 떨어지더라도 큰 보험금부터 챙겨라. 푼돈은 버려도 된다는 말이다.

### • 순수보장형과 만기환급형

"만기 때 얼마 돌려줘요?"

상담할 때 꼭 듣는 질문 중 하나이다. 똑같은 보험이 하나는 10만 원, 하나는 5만 원이다. 5만 원짜리 보험이 순수보장형, 10만 원짜리 보험이 만기환급형이다. 5만 원으로 보장하고 남은 5만 원을 모았다가 만기 때 돌려주는 것이다.

세상에 공짜는 없다. 보험은 보장이 주목적이다. 가입자 입장에선 순수보장형이 유리하다. 만기환급할 돈으로 다른 곳에 투자해라.

### • 갱신형과 비갱신형

무조건 비갱신형이 좋다? 그럴 수도 있고 아닐 수도 있다. 암, 뇌졸중, 급성심근경색 등 진단금은 비갱신형으로 가입하는 게 유리하다. 하지만 월 지출이 부족한 상황에서 보험료가 비싼 비갱신형만을 무조건 고집할 수는 없다. 또 비갱신형을 어느 정도 가입하고 있는 상황에서 가족력이 발생하면 그 질병에 대해서 갱신형으로 보충을 해주는 것도 하나의 방법이다.

### • 보험금 신청

보험의 주목적은 보상이라고 몇 번을 얘기했다. 보험금 신청을 하면 보험회사에서 알아서 잘해주겠지란 생각만 하고 있으면 안 된다. 대부분 잘 지급되지만 생각보다 적게 지급되거나 지급이 안 될 때도 있다.

보험금 수령 후에는 반드시 확인해야 하고, 만약 지급할 수 없다는 안내를 받았을 땐 '부지급안내장'을 요구해서 왜 지급이 안 되는지 정확하게 알 필요가 있다. 만약 약관과 다르게 지급이 안 된 거라면 재신청을 해서 지급받을 수 있다.

---

**보험료의 구성 = 위험보험료 + 저축보험료 + 신계약비 + 유지비 + 수금비**

부담보란? 가입된 보험 기간 중 특정 부위 및 특정 질환에 대해서 일정 기간 또는 전기 간 질병으로 인한 수술이나 입원 등의 각종 보장에서 제외하여 조건부로 가입하는 것을 말한다.(시사경제용어사전, 기획재정부)
생명보험사, 손해 보험사 구분방법 : OO생명, OO라이프 등 생명이라는 글자가 있으면 생명보험사, OO손해, OO화재, OO해상 이라는 글자가 있으면 손해 보험사이다.

보험금 계약에 따라 보험자가 피보험자에게 치러 주는 돈
보험료 보험에 가입한 사람이 보험자에게 내는 일정한 돈

---

자동차 보험으로 1년에 1백만 원 이상씩 내는 사람들이 굉장히 많다. 한 달 보험료로 계산하면 약 10만 원 정도이다. 하지만 자신의 보험에 10만 원을 넣으라면 아까워한다. 자동차는 소중하지만, 자신의 몸은 소중하지 않기 때문인가? 아니면 자동차는 사고가 날 수 있지만, 자신은 아프거나 다칠 일이 없다고 생각하는가?

보험은 나의 자산과 가정을 지켜주는 아주 소중한 것이다.

# **연금**으로
# 안전자산 확보하기

연금은 은퇴 후 나의 월급이 되어 주는 아주 중요한 자산일 수 있다. 그런데 이런 연금을 먼 미래에나 받을 수 있는 자산으로 생각해서 관리를 소홀히 하는 경우가 적지 않다. 몇 살 때 얼마의 연금을 받을 수 있는지 꼭 체크하고, 혹시 부족할지 모르는 나의 노후자금을 마련할 수 있게 해야 한다. 연금은 우리 노후에 없어서는 안 될 아주 중요한 자산이다.

연금의 종류는 국민연금, 퇴직연금, 개인연금으로 총 3층 구조로 볼 수 있다. 이렇게 모두 준비가 된다면 가장 좋겠지만, 현실적으로 그렇지 못하는 사람이 더 많다. 그래서 연금 가입 시 조금이라도 더 신경 써서 많은 연금을 받을 수 있도록 공부해야 한다. 이 장에서는 공적연금인 국민연금과 회사에서 가입하는 퇴직연금을 제외한 개인연금에 대해서 알아볼 것이다. 개인연금의 종류가 생각보다 많아서 많은 사람이 가입에 어려움을 겪고 있다. 연금 가입 시 꼭 알고 실수를 줄일 방법에 대해서 알아보자.

## 세액공제연금과 비과세연금 비교하기

개인연금은 크게 세액공제연금과 비과세연금으로 나눌 수 있다. 둘의 특징은 명확하게 구분되지만 많은 사람이 자신이 세액공제연금에 가입했는지 비과세연금에 가입했는지 잘 구분하지 못한다. 각각의 장단점을 중심으로 알아보자.

### • 세액공제연금

세액공제연금에 가입하는 가장 큰 이유는 납입 시 연 400만 원 한도 내에서 연말에 세금 혜택(13.2%, 16.5%)을 받을 수 있다는 것이다. 대신 연금 수령시 5.5%~3.3%의 연금소득세가 발생한다. 은행의 연금저축신탁, 증권사의 연금저축펀드, 보험사의 연금저축보험으로 가입이 가능하다. 상품명에 '연금저축'이라는 단어가 들어가 있으면 세액공제연금이다.

세금혜택이 주어지는 만큼 유의해야 할 사항들이 있다. 가입 후 최소 5년 이상 유지, 만 55세부터 연금수령이 가능하고, 10년 이상 연금으로 받아야 한다. 중도 해지 시 기타소득세 16.5%가 부과되므로, 해지할 것 같으면 아예 시작도 않는 게 좋다. 은행, 증권사, 보험사 모두에서 판매되고 있는 만큼 자신의 스타일에 가장 잘 맞는 금융사를 선택해야 한다. 보험회사 영업사원들이 가장 활발하게 영업하고 있어서 많은 사람이 연금저축보험에 가입하고 있다. 연금은 아주 장기적으로 유지해야 하는 상품이므로 작은 수익이라도 꾸준히 낼 수 있는 상품을 선택하는 것이 좋다. 어떤 상품을 선택하느냐에 따라 노후에 받을 수 있는 연금액이 달라진다는 것을 꼭 기억하자.

금융감독원의 연금저축통합공시(https://100lifeplan.fss.or.kr/main/main.do) 사이트에서 각 금융회사별 수익률 등 주요특징들을 조회할 수 있다. 가입하기 전 꼼꼼히 비교하고 자신에게 가장 잘 맞는 상품을 선택하도록 하자.

만약 잘못 가입했어도 크게 실망할 건 없다. 연금저축계좌이전 간소화제도를 활용해서 손쉽게 원하는 금융회사의 금융상품으로 갈아탈 수가 있다. 다만, 일부 손실이 발생할 수는 있다.

### • 비과세 연금

납입 시 세금에 대한 혜택은 없지만, 비과세 요건(10년 이상)만 충족한다면 연금 수령시 연금소득세가 없다. 생명보험사에서만 판매되고 있고, 은행에서 판매하는 비과세 연금은 보험사 상품임을 기억하자. 보험상품인 만큼 연금개시 전에 사망한다면 사망보험금을 받을 수가 있으며, 연금 지급 시 다른 금융사에는 없는 종신연금으로 수령이 가능하다.

만 45세부터 연금개시가 가능하고, 중도에 해지하더라도 불이익은 없다. 운영방식에 따라 공시이율연금과 변액연금으로 나뉜다.

변액연금, 즉 펀드에 투자되는 연금에 가입하고 손실을 보더라도 연금개시 시점에는 원금을 보장해주는 기능을 가지고 있다. 다만 연금개시 시점이니 크게 득을 볼 수 있는 건 아니다.

생명보험사에서 판매되고 있는 비과세 연금의 가장 큰 장점 중 하나가 바로 종신연금이다. 종신연금은 연금개시 후 사망 시까지 받을 수 있다. 국민연금과 같은 기능을 한다고 생각하면 된다. 가입 시점에 보험개발원에서 발표되는 경험생명표에 의해서 평균수명이 책정된다. 미리 적용되는 경험생명표를 보고 유리한 조건일 때 가입하면 조금 더 많은 연금을 받을 수가 있다. 최근 들어 경험생명표는 3년에 한 번씩 바뀌는 패턴을 보이고 있는데, 이런 패턴으로 봤을 때 일찍 가입하는 것도 중요하지만 어떤 경험생명표에 가입하는지가 중요하다.

예를들면 2015년 3월에 가입한 사람과 4월에 가입한 사람은 한 달 차이지만 각각 제7회 경험생명표와 제8회 경험생명표가 적용되므로 지급받는 연금액이 다르다. 하지만 2015년 4월에 가입한 사람과 2016년 4월에 가입한 사람은 1년이나 차이가 나지만 연금지급액은 같다.(금리와 납입금액은 동일하다고 가정)



세액공제 연금이 좋으냐, 비과세 연금이 좋으냐를 판단하기는 쉽지 않다. 13월의 세금을 내는 사람들은 연금저축에 가입하고, 아닌 사람들은 비과세 연금에 가입하는 게 좋아 보인다. 사람의 심리가 눈에 보이는 것만 믿는 게 있는데, 뱉어내는 세금도 없는데 연금수령 시 세금까지 내려면 아깝기도 하고 만일 중간에 해지하게 되면 기타소득세도 발생하기 때문이다.

# 달러로
# 극복하는 불황

　　우리나라는 경제적으로 아주 잘하고 있지만, 세계적으로 무슨 일만 있으면 요동을 친다. 한국의 문제보다는 세계의 문제에 민감하다고 할 수 있다.

　　특히 1997년에 있었던 외환위기, 2008년에 있었던 금융위기가 대표적이다. 외환위기는 우리나라의 잘못으로 벌어진 일이지만, 금융위기는 우리와는 전혀 상관없다고 생각한 미국의 주택문제 때문에 일어난 일이다. 이때 우리 원화의 값어치가 곤두박질쳤다. 왜 이런 일이 일어났을까? 그리고 어떻게 하면 이런 위기를 슬기롭게 극복할 수 있을지 고민해봐야 한다. 나는 그 중심에 '달러'가 있다고 생각한다.

## 달러는 세계적인 안전자산

달러/원 환율 = 1달러/1,000원로 표현할 수 있다.

1달러/1,200원이 된다면 달러 강세, 원화 약세가 되는 것이다. 많은 원화를 줘야지 1달러로 바꿀 수가 있다. 한마디로 원화 값어치가 떨어져 세계로 나가면 별로 쓸 게 없어진다는 말이다.

예를 들면 1달러/1,000원 할 때 신혼여행 경비로 500달러가 필요하다면, 50만 원의 원화만 있으면 된다. 하지만 내가 결혼할 때처럼 1달러/1,400원 한다면 70만 원이라는 원화가 필요하다. 그만큼 원화로 살 수 있는 것이 줄어든다.

수출하는 기업에겐 호재가 될 순 있지만, 이렇게 단순하게 보기도 힘들다. 달러가 강세라는 건 경제가 좋지 않다는 신호로도 볼 수 있다. 세계경제가 안 좋을 때 안전자산인 달러의 수요가 많아지기 때문이다.

우리나라의 대표적인 위기를 보면 1997년 외환위기 때 1달러/1,600원이 넘어섰고, 2008년 금융위기 때는 1달러/1,500원이 넘어섰다. 이때 우리나라 경제가 정말 힘들었다는 것은 누구나 다 아는 사실이다.

달러가 강해진다는 건 그만큼 달러를 보유하고 싶어하는 사람이 많다는 것이다. 보유하고 싶은 사람이 많으면 비싸게 주고 살 수밖에 없다.

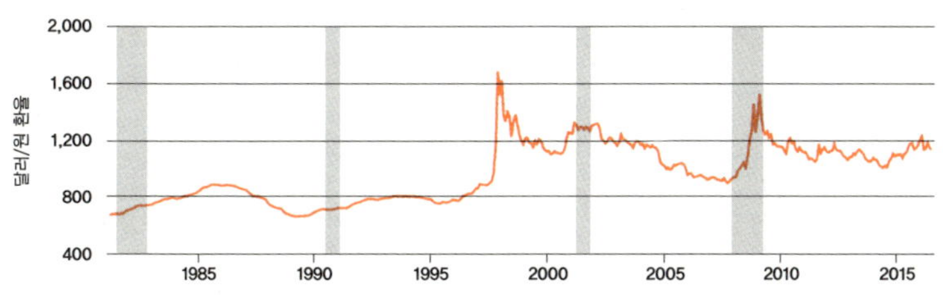



〈세인트루이스 연방준비은행 참조〉

## 달러를 활용한 자산배분

2008년 금융위기가 터졌을 때 우리나라 주가는 900포인트 밑으로 떨어졌다. 이때 장기투자를 계획했던 사람들도 주가가 바닥일 때 다 팔았거나 조금 회복했을 때 다 팔았을 것이다. 물론 나도 그중에 하나이다. 그때 만약 달러를 조금이라도 가지고 있었다면 그건 위기가 아니라 기회였을 것이다. 비싼 값으로 달러를 팔아 원화를 사들이고 그 돈으로 떨어진 주식을 샀다면 분명 많은 수익을 올릴 수 있었을 거라고 생각한다.

달러로 자산배분을 했을 때는 어떤 효과가 있는지를 다음 그림에서 보면 명확하게 알 수가 있다. 상관관계가 1일 때는 완전히 같은 방향으로 움직이며, -1일 때 반대로 움직인다. 금융시장에서는 완벽한 1 또는 -1을 갖는 자산은 거의 없다고 한다. 대략 -0.3만 되어도 매력적이라고 하니 참고하기 바란다.

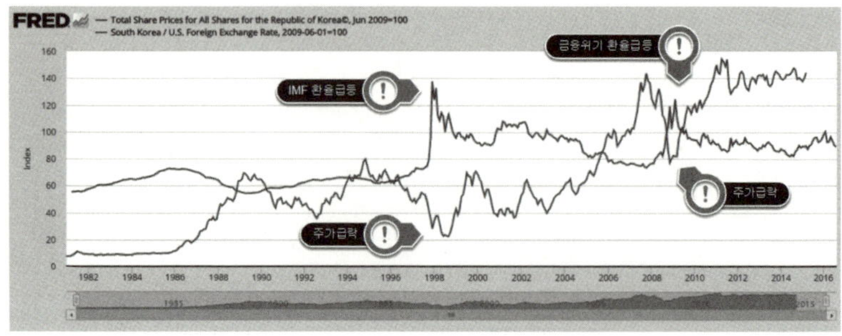


〈세인트루이스 연방준비은행 참조〉

**주요 자산 간 상관계수(2001~2013년 기준)**　　　　　　　홍춘욱의 〈환률의 미래〉 참조

|  | 물가 상승률 | 회사채 수익률 | 서울지역 아파트 | 강남 아파트 | KOSPI | 달러/원 | 원화환산 미국 국채지수 | 원화환산 미국 주가지수 |
|---|---|---|---|---|---|---|---|---|
| 물가 상승률 | 1.00 | | | | | | | |
| 회사채 수익률 | 0.62 | 1.00 | | | | | | |
| 서울지역 아파트 | 0.04 | 0.58 | 1.00 | | | | | |
| 강남 아파트 | −0.02 | 0.49 | 0.99 | 1.00 | | | | |
| KOSPI | −0.25 | −0.06 | 0.00 | 0.10 | 1.00 | | | |
| 달러/원 | 0.44 | 0.60 | −0.02 | −0.11 | −0.15 | 100 | | |
| 원화환산 미국 국채지수 | 0.52 | 0.68 | 0.05 | −0.03 | −0.06 | 0.98 | 1.00 | |
| 원화환산 미국 주가지수 | −0.48 | −0.46 | −0.39 | −0.30 | 0.53 | 0.05 | 0.00 | 1.00 |

자료 : 한국은행 경제통계정보 시스템(ECOS), 블룸버그
해설 : 상관계수는 두 변수가 어떤 상관관계를 가지고 있는지 조사한 것으로, 1이 되면 완전한 정
(+)의 상관관계를, −1은 완전한 음(−)의 상관관계를 의미한다.

한국의 환율은 선진국, 특히 미국 달러에 의해 좌우된다. 미국의 10년 만기금리가 환율을 결정짓는 가장 중요한 역할을 한다. 금리가 상승할 때마다 달러가 강세가 되고, 달러가 강세가 되면 원화가치는 하락한다.(달러는 금리가 높아질 때 강하다)

달러 강세는 "원화가 싫어요."라고 말하는 것이다.

환율에 대해선 홍춘욱의 〈환율의 미래〉를 보면 초보자들도 쉽게 이해할 수 있다. 나도 이 책 덕분에 환율을 쉽게 이해할 수 있었다. 아직은 환율에 대해선 리스크 헤지 목적으로만 활용하고 있다. 과거 지표들을 봤을 때 위기가 오더라도 나의 자산을 지켜줄 수 있는 건 달러라는 것을 확인할 수 있다.

연방준비제도이사회 의장 후보로 거론된 로런스 서머스는 평소 이런 농담을 자주 했다고 한다. "IQ 200인 사람은 아인슈타인의 상대성 이론을 연구하라. IQ 150인 사람은 세계 경제를 예측하는 일을 하라. 그럼 IQ 60인 사람은? 그냥 환율 예측이나 하라."는 아주 유명한 일화이다. 이렇듯 환율을 일반인인 우리가 예측하기엔 무리가 있기 마련이다.

# 이제 **주식**은 **필수**다

우리나라에서 대표적인 투자처는 주식과 부동산일 것이다. 어떤 투자방법을 선택하던 자신에게 가장 잘 맞는 투자처를 찾아서 투자하면 된다. 나는 투자를 해오면서 주식의 비중을 많이 늘렸다. 많은 사람이 주식을 어렵다고 얘기하고 도박이라고도 얘기한다.

나도 일부는 동의한다. 주식 참 어렵다. 경제 흐름에 따라, 기업의 문제와는 상관없는 일로 수익이 날 때도 있고 손실이 날 때도 있다. 하지만 한 가지 꼭 기억하는 것이 있다. '자본주의는 성장할 수밖에 없다.' 이렇게 간단한데 뜻대로 잘되지 않는다.

내가 주식에 투자하는 데는 몇 가지 이유가 있다. 먼저 수수료가 저렴하기 때문이다. 취득세, 보유세, 양도소득세 등 각종 세금을 내야 하는 부동산보다 간편하다. 그리고 언제든지 현금화할 수 있다. 물론 사용하기에 따라 바로바로 현금화가 된다는 게 단점으로 작용할 수도 있다. 사고팔고를 자주 하면 수수료가 눈덩이처럼 불어나고 말 것이기 때문이다. 또 비싸게 사서 싸게 팔 때도 잦을 것이다. 그래서 평생을 가져갈 수 있는 종목을 고르는 데 집중하고 있다.

많은 주식 책이 나에게 많은 도움을 줬다. 그들이 말하는 것을 요약하면 여윳돈으로 분산해서 장기적으로 투자하라는 것이다. 큰돈을 벌려면 분산투자가 아닌 집중투자를 해야 하지만, 투자전문가가 아닌 사람들에겐 분산투자가 맞을 것이다.

주식시장은 장기적으로 꾸준히 높은 수익을 내줬다. 단기적으로 얼마든지 떨어질 수는 있다. 브렉시트가 되면서 주가가 떨어질 거라고 예상했지만, 하루이틀 조정이 있었을 뿐 금방 제자리를 찾았다. 내가 어떤 원칙을 가지고 주식투자를 하느냐에 따라 좋은 투자처가 될 수도, 나쁜 투자처가 될 수도 있다.

코스피지수 그래프를 보면 명확하게 알 수 있다. 단기적으로 수많은 상승과 하락을 거쳤지만, 장기적으로는 상승했음을 확인할 수 있다. 특히 외환위기와 금융위기 때는 폭락했음에도 결국엔 다시 상승했다.

코스피지수의 30년 흐름, 1986~2016(한국투자증권 HTS 참조)

## 종목 고르기

주식을 할 때 가장 힘든 것이 종목을 고르는 일이다. 우리나라에 약 1,800개의 상장회사가 있다고 하는데 일일이 다 분석할 수는 없는 일이다. 그것도 초보가 말이다. 그래서 내가 선택한 것은 믿을 만한 펀드매니저가 운용하는 펀드를 선택하고 그 펀드의 구성종목을 분석하는 것이었다. 그렇게 종목을 고르는 연습을 한 것이다.

이 방법은 단기적인 투자와 종목을 선택하는 연습을 하는 방법이다. 생각보다 수익률이 좋다. 이렇게 고른 종목을 싸게 사서 비싸게 파는 법을 공부하고 있다. 물론 궁극적인 목적은 사고파는 것이 아니다. 평생을 보유하는 것이 목적이고, 그것이 아니었을 때, 내 생각대로 사고파는 시기를 결정하는 것이 목적이다.

두 번째 방법은 배당주를 분석하는 것이다. 배당주는 장기투자에 적합하다. 주가 흐름이 지지부진할 수 있다. 아주 재미없는 투자처가 될 수도 있지만, 한편으로는 굉장히 안전하다. 주가가 오르지 않더라도, 아니 떨어지더라도 연초가 되면 배당금이 들어온다. 그 배당금으로 다시 주식을 살 수 있다. 그래서 지분을 늘려가는 아주 기초적이고, 안전하면서도 꽤 높은 수익을 거두는 방법이다.

### • 참고사이트

주식투자를 하면서 많은 정보를 얻고 나의 투자에 영향력을 끼친 사람들을 만나게 한 사이트가 있다. 바로 네이버 카페의 '가치투자연구소'이다. 가투소라고 불리는 이 카페는 주식투자하는 사람이라면 누구나 한 번쯤은 들려봤을 거라고 생각한다. 누구나 자유롭게 자신의 의견을 게시하고 많은 사람과 소통한다. 주옥같은 글들을 무료로 볼 수 있다는 것에 정말 감사하다.

작년엔 가투소 10주년 기념행사가 있었는데 그때 슈퍼개미 정성훈 님과 배당투자 피터 황 님의 강연을 듣고 깊은 감명을 받았고, 더 자신 있게 투자하게 되었다. 누구나 꾸준하게 노력하면 성공할 수 있다는 사실을 더욱 명확하게 알게 되었다.

주식투자는 어찌 보면 굉장히 위험한 투자방법일 수도 있다. 하지만 주식뿐 아니라 모든 투자에는 위험이 따르기 마련이다.

주식투자를 꼭 해야 하는 이유를 정리하자면 1) 수수료가 저렴하고, 2) 소액으로 분산투자가 가능하고, 3) 자본주의는 성장할 수밖에 없고, 4) 미래에 대한 희망이 보이기 때문이다.

누군가가 이런 얘기를 했다. 투자할 때 가장 어려운 두 가지는 첫 번째가 투자해야 하겠다고 마음을 먹는 것과 두 번째가 꾸준하게 하는 것이라고.

투자하는 중간중간 작은 실패를 할 수는 있다. 하지만 실패를 줄이면서 꾸준히 하는 것이 성공투자로 가는 길이 아닐까 생각을 한다. 그렇게 함으로써 나의 노후와 우리 아이의 장래가 더 밝아지리라고 믿어 의심치 않는다.

난 이렇게 돈에서 자유로워지고 있고, 내가 원하는 인생, 하고 싶은 것을 하고 사는 인생으로 만들어갈 것이다.

# 펀드가 매수한 종목 알아보기

① 금융투자협회 사이트에서 상단의 '펀드공시'를 클릭한다.

② '펀드공시검색'을 클릭한다.

③ 보고서유형에서 '원화기준_영업보고서(1A)'를 클릭한다.

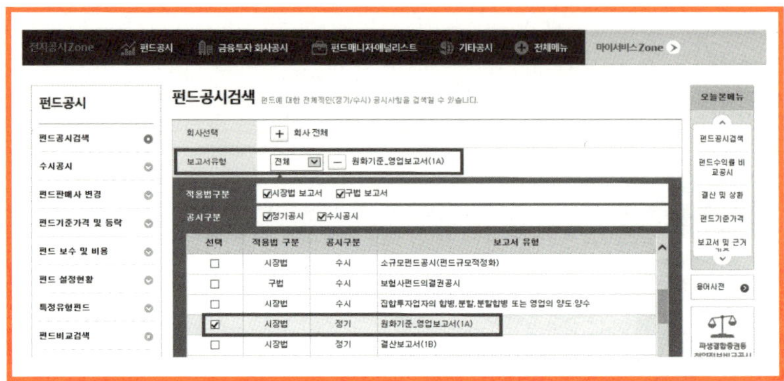

④ 펀드명에 상품명과 조회기간을 설정한 다음 '검색'을 클릭한다.

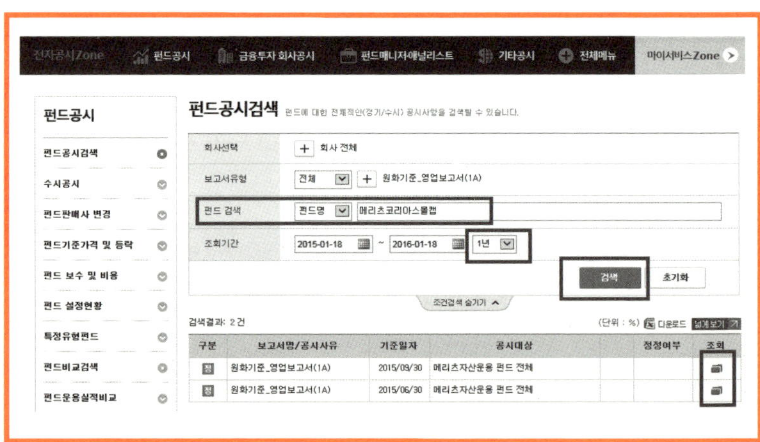

⑤ 왼쪽 메뉴에서 보고서선택 '운용현황' 하단에 '세부현황(유가증권내역)'을 클릭한다.

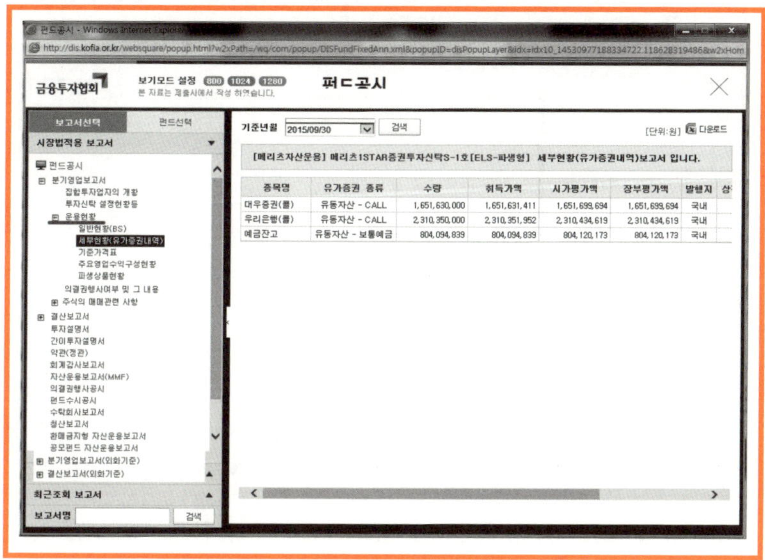

⑥ 펀드선택에서 펀드가 매수한 종목을 알아볼 수 있다.

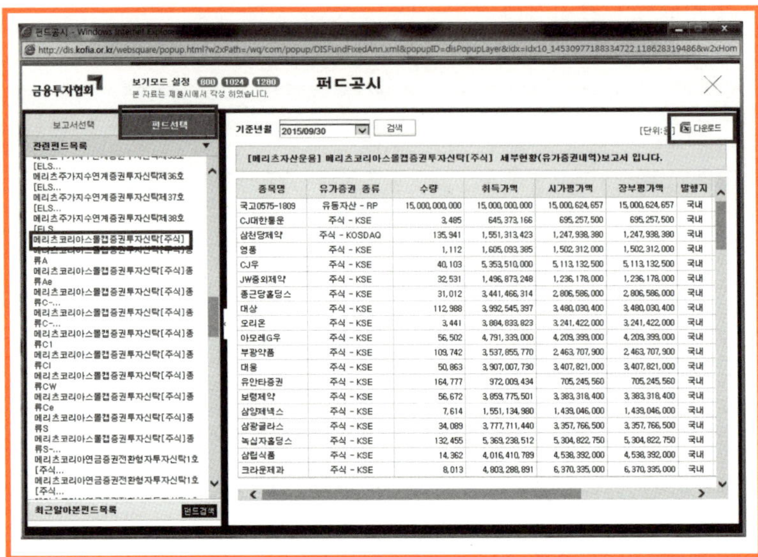

http://blog.naver.com/freeljh/220601043251 (금융투자협회 참조)참고문헌

## 참고문헌

〈모든 주식을 소유하라〉 존 보글 지음, 비즈니스맵
〈절대로! 배당은 거짓말하지 않는다〉 켈리 라이트 지음, 리딩리더
〈환율의 미래〉 홍춘욱, 에이지
〈엄마, 주식 사주세요〉 존리, 한국경제신문
〈후천적 부자〉 이재범, 프레너미
〈주식에 장기투자하라〉 제레미 시겔, 이레미디어
〈피터 린치의 투자 이야기〉 피터 린치, 흐름출판
〈부의 추월차선〉 엠제이 드마코, 토트
〈월가의 영웅〉 피터 린치, 국일증권경제연구소
〈주식시장을 이기는 작은 책〉 조엘 그린블라트, 알키
〈당신이 속고 있는 28가지 재테크의 비밀〉 박창모, 알키
〈엄마의 돈공부〉 이지영, 다산3.0
〈2030 대담한 도전〉 최윤식, 지식노마드
〈현명한 투자자 핵심요약판〉 스티그 브라더선 외 1, 북돋움
〈현명한 투자자〉 벤저민 그레이엄, 국일증권경제연구소
〈현명한 ETF 투자자〉 리처드 페리, 리딩리더
〈ETF 초보투자자가 꼭 알아야 할 75가지〉 최영선, 원앤원북스
〈저는 ETF가 처음인데요〉 이덕주, 한빛비즈
〈100세 시대, 연금이 답이다〉 김경신, 대림북스
〈연금의 배신〉 조연행, 북클라우드
〈주식투자자의 시선〉 박영옥, 프레너미

참고사이트
펀드닥터 http://www.funddoctor.co.kr
금융투자협회 펀드공시 http://dis.kofia.or.kr
배당투자 피트황 블로그 http://blog.naver.com/ricemankr
환율 홍춘욱박사 블로그 http://blog.naver.com/hong8706
연금저축통합공시(https://100lifeplan.fss.or.kr/main/main.do)
가치투자연구소 http://cafe.naver.com/vilab
금융감독원 전자공시시스템 http://dart.fss.or.kr/
네이버 증권 http://finance.naver.com/
통계청 http://kostat.go.kr/portal/korea/index.action

# 삼채총각 이야기

김선영 지음 | 13,200원

**"남들이 가지 않은 길에서
답을 찾아 될 때까지 판다!"
팜 비즈니스맨 삼채총각 김선영의 열혈 창업 분투기!**

"하고 싶은 일 해도 괜찮아. 남들처럼 하지 않아도 잘살 수 있어. 눈치 보지 마!"
졸업하면 취업 걱정, 취업하면 퇴사 걱정, 퇴사하면 미래 걱정. 시키는 대로 열심히 최선을 다했는데 답이 없다면 기성세대가 만든 판을 뒤엎어라! 호주 유학파 호텔리어에서 주목받는 창농 CEO로! Young Creative Farmer 스물여덟 삼채총각 김선영의 내 멋대로 당당하게 인생에서 승리하는 법! "어른들이 하라는 대로 했는데, 앞이 보이지 않는다고? 내 꿈을 말하는 것조차 겁난다고? 하고 싶은 일 해도 괜찮아. 남들처럼 하지 않아도 잘살 수 있어. 나를 봐!"

# 미친 실행력

박성진 지음 | 13,800원

**지방대 출신, 공모전 기록 전무,
토익점수 0점의 저질 스펙 소유자!
미친 실행 하나로 국내 최고 유통 기업의 TOP이 되다!**

"꿈과 열정을 가지세요! 생각하는 것만으로도 꿈을 이룰 수 있습니다." 자기계발서에 나오는 단골 멘트다. 저자는 이 말에 동의하지 않는다. 꿈과 열정을 가지고 생각하고 다짐만 한다면 절대 원하는 결과물을 얻을 수 없다. 아무리 뜨거운 열정과 큰 꿈을 가지고 있더라도 실행하지 않으면 아무짝에도 쓸모없는 것이 된다.
당신은 꿈꾸기 위해 태어났는가, 이루기 위해 태어났는가? 아무리 생생하게 꿈꿔도 소용없다. 그것을 실행시키는 사람만이 승자가 된다. 오늘 하지 못한 일은 평생 실행하지 못한다. 저자는 '언제 할까?' 고민하지 않고, '지금 당장' 움직이는 미친 실행력으로 인생을 180도 바꿨다. 인생을 바꾸고 싶다면, '지금 즉시, 될 때까지, 미친 듯이' 실행하라!

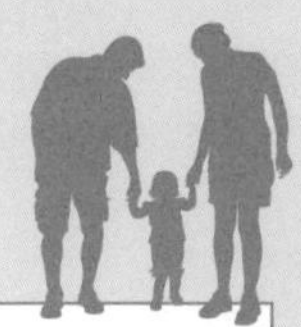

# 벼랑 끝에 혼자 서라

안겸지 지음 | 13,800원

**이것이 진짜 인생이다! 이것이 진짜 장사다!
14살 봉제공장 여공이 연 매출 20억 사장이 되기까지.
절박함 하나로 이룬 테이블 16개 30평 작은 가게의 기적! "미쳐라, 그러면 길이 열리고 방법이 보인다!"**

책 제목처럼 '벼랑 끝에서 새 삶을 시작한' 안겸지 대표는 전기도 들어오지 않는 산골에서 어린 시절을 보냈다. 14살 때 공장 여공으로 사회생활을 시작한 저자는 남들보다 20년 뒤진 삶을 살았다고 회고한다. 그러나 시련을 발판 삼고 아픔을 거름 삼아 인생의 목표를 하나씩 이루어갔다. 그리고 20년이 지난 지금, 연 매출 20억 원을 가뿐히 넘기는 여주 최고 음식점을 운영하게 됐다.
온갖 시련에도 오뚝이처럼 일어나는 저자의 모습은 스스로 '3포 세대'라 말하며 제대로 시도하지도 않고 지레 포기하는 많은 청춘에게 큰 시사점을 준다. 지금 당신이 처한 삶이 힘들다면, 그녀의 이야기를 들어보라. 다시 일어서 달릴 수 있는 희망이 생길 것이다.

# 땡큐 파워

민진홍 지음 | 13,800원

**방송인 정준하, 의학박사 오한진,
총각네야채가게 대표 이영석…
각계 인사가 강력 추천한 성공하는 습관을 만드는 감사의 힘**

'대한민국 1호 땡큐테이너' 민진홍 저자는 '감사하는 마음이야말로 그 어떤 어려움도 이겨낼 수 있는 최고의 무기'라고 말한다. 한 달에 수천만 원 버는 사업가에서 십억 원 넘는 빚에 허덕이는 빚쟁이로 전락해 스스로 목숨을 끊으려고까지 했던 상황에서 다시 잘나가는 사업가로 돌아온 비밀이 바로 '감사'였다. 책에는 뇌과학과 심리학, 저자가 운영 중인 감사 프로그램을 통해 밝혀낸 '감사의 힘'과 감사를 습관화하는 훈련법이 고루 담겨 있다. 책에서 제시한 '21일 감사일기 작성법'을 통해 감사를 생활화할 수 있다. 행복하고 긍정적인 삶은 물론이고 취업, 승진, 인간관계 개선, 비즈니스 성공을 원한다면 땡큐파워를 만나보자.